AF245873

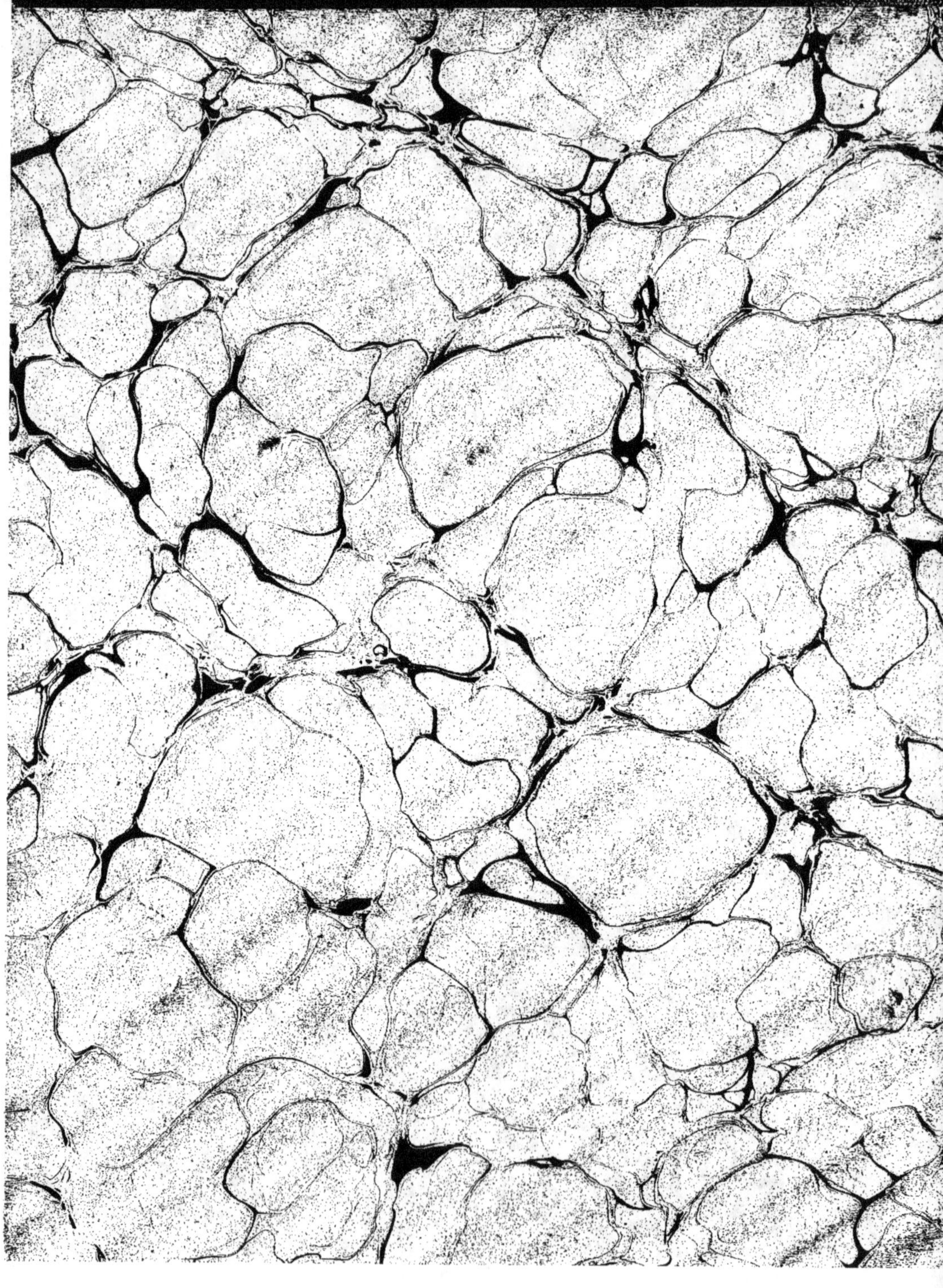

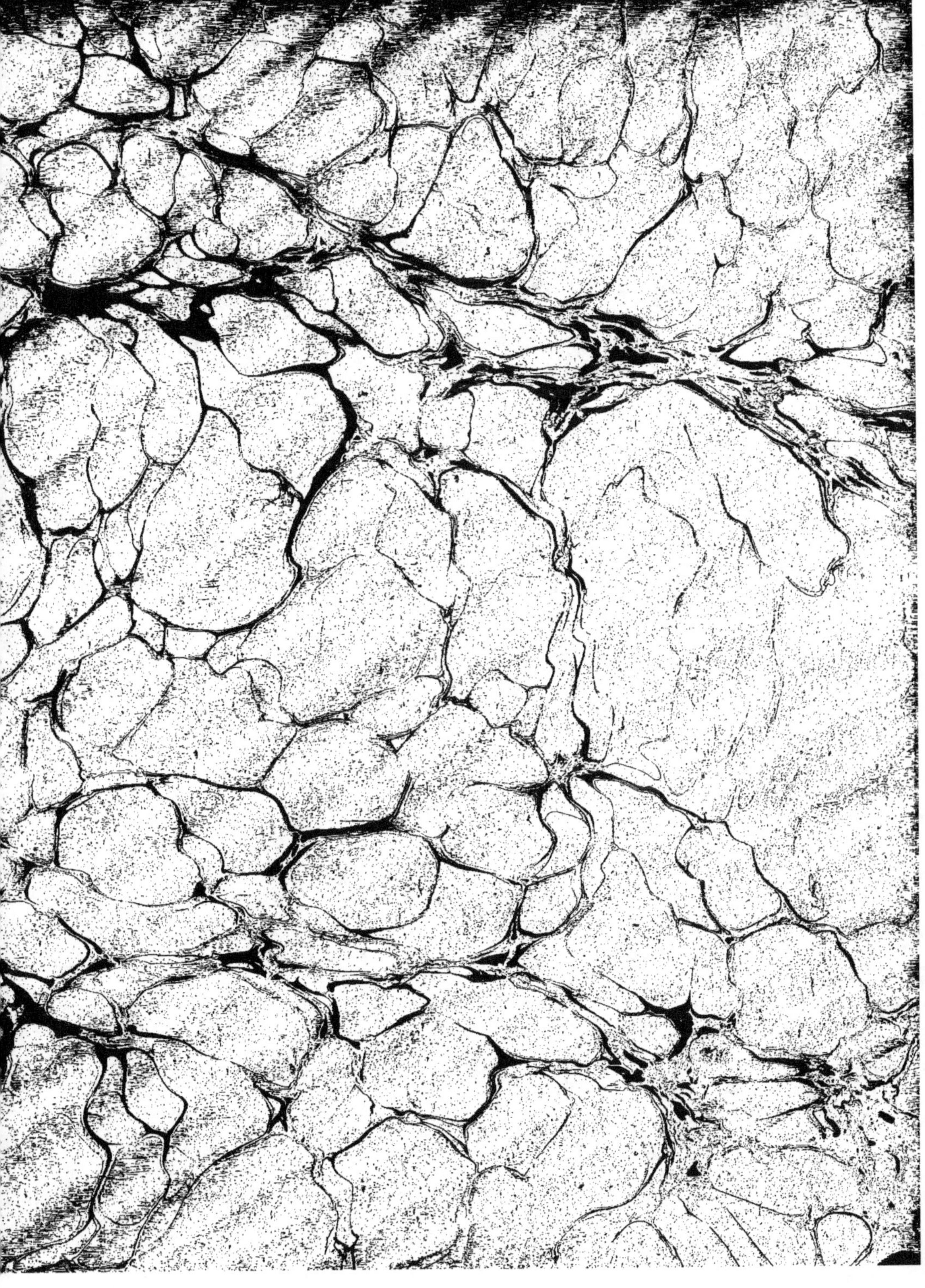

MONNAIES DE L'ÉLYMAÏDE

PAR

ALLOTTE DE LA FUYE

CHARTRES

IMPRIMERIE DURAND

9, RUE FULBERT

1905

MONNAIES DE L'ÉLYMAÏDE

Par Allotte de la Fuye.

INTRODUCTION

Dans son mémoire sur *La Chronologie et l'Iconographie des rois Parthes Arsacides*, de Longpérier a signalé des tétradrachmes au nom d'un roi Kamnaskirès : on connaissait, d'ailleurs, par le témoignage de Lucien, un roi Mnaskirès que cet auteur cite dans ses *Macrobioi* comme ayant vécu 96 ans et qu'il range parmi les rois parthes. On doit admettre que les deux personnages n'en font qu'un et que le texte de Lucien « Καὶ Μνασκίρης δὲ βασιλεὺς Παρθυαίων... » est à rectifier en « Καμνασκίρης δὲ βασιλεύς... »

Avec les tétradrachmes de Kamnaskirès, de Longpérier faisait connaître trois pièces de bronze grand module et cinq petites pièces de même métal qu'il attribuait les unes et les autres au même souverain, en raison de l'analogie des types.

Le mémoire de Longpérier, qui donne ces indications, a été rédigé en 1853 ; peu après, M. Vaux, dans la *Numismatic Chronicle*, janvier 1856, rendait compte de l'entrée au British Museum de pièces de même nature qui sont, pour la plupart, les exemplaires mêmes décrits par de Longpérier ; il donnait, en même temps, quelques renseignements précieux sur les provenances et signalait, en particulier, que trois des petites pièces avaient été trouvées à Suse par Loftus.

Un certain nombre des mêmes pièces ont été rapportées également de Suse par M. Dieulafoy, avec un exemplaire de grand module (1) à légende araméenne.

---

(1) Une pièce semblable est entrée à la Bibliothèque Nationale en 1900 ; elle est représentée à notre planche XIV, n° 146.

Vers 1874 une découverte importante de pièces de petit module fut faite, à Chiraz, dit-on ; 700 exemplaires entrèrent dans la collection de Subhi-Pacha et 125 dans celle du Dr Mordtmann.

Enfin en 1900, 583 pièces, dont quelques-unes de grand module, ont été trouvées à Suse dans la partie supérieure du tell de l'Acropole, par la Délégation en Perse (1).

D'après ce qui précède, il paraît suffisamment établi que nous avons là un monnayage spécial à l'Élymaïde, présentant un grand intérêt pour l'histoire de cette région, à une époque où les documents écrits font presque totalement défaut.

Mordtmann a publié dans la *Zeitschrift für Numismatic* de Berlin deux études sur ces monnaies : dans la première, intitulée *Ueber eine bisher unbekannter Varietat Arsakidischer Münzen* et rédigée en 1875, il établit la lecture des légendes grecques qu'il lit : « Orode roi et Phraate roi » et étudie les légendes araméennes ; la plus fréquente serait à lire, d'après lui : « MaLKA FeRHaD ZaK URUD, le roi Phraate fils d'Orode » ; les autres ne sont interprétées que d'une façon tout à fait conjecturale. Dans son deuxième travail, *Weitere Beitrage zur Kenntniss der Persepolitanischen Münzen*, Constantinople, novembre 1878, il confirme les lectures : « Orode roi, Phraate roi, Le roi Phraate fils d'Orode » et propose quelques nouvelles lectures pour les légendes araméennes. En particulier il lit sur certaines d'entre elles « URUD MaLKA, Orode roi », sur d'autres : « MaLKA HUMiTRa ZaK URUD, le roi Humitra fils d'Orode » ; de plus il reconnaît l'existence de monnaies anépigraphes que, d'après l'analogie des types, il attribue au roi Kamnaskirès, le même qui en 231 (Sel.), 82 (av. J.-C.) frappait des tétradrachmes et des drachmes, où son effigie est associée à celle de son épouse Anzazé ; il admettait, d'ailleurs, suivant une théorie généralement acceptée à l'époque où il écrivait, que ce souverain est un grand roi arsacide, Arsace X prédécesseur de Sinatrocès. Il est, par suite, conduit à attribuer les monnaies de la trouvaille à la série des rois parthes qui se sont succédé à partir de 231 (Sel.), en y comprenant Orode Ier, Phraate IV, Phraatace, Orode II et dubitativement les premiers successeurs de ce prince : ses lectures cadrent assez bien avec cette hypothèse, puisque l'on y trouve en majorité les noms d'Orode et de Phraate ; toutefois la légende araméenne qu'il lit « Humithra fils d'Orode » indique, par exception, un roi inconnu dans la série arsacide. D'autre part, Mordtmann, d'après la provenance supposée des monnaies qui venaient de Chiraz, les attribuait à la Perside et admettait qu'elles représentaient le monnayage de cette province sous la suzeraineté parthe, suzeraineté qui aurait cessé d'être effective vers l'an 20 (ap. J.-C.), époque où l'on y trouve, comme roi indépendant, Darius fils de Zaturdat (2) (Autophradate).

Mordtmann a eu le grand mérite de tenter les déchiffrements et de proposer un classement admissible, mais ses travaux sont incomplets ; il ne donne aucune figure, ne reproduit les légendes que d'une façon approximative, sans faire ressortir les particularités épigraphiques ; enfin, dans la description des trouvailles, il omet un renseignement précieux, le nombre des exemplaires de chaque variété.

---

(1) Postérieurement quelques pièces de même provenance ont été envoyées à M. de Morgan.

(2) Le nom que Mordtmann lisait « zaturdat », a été lu « *Vataphradate* » par Justi et Drouin.

M. A. de Markoff a cherché à combler une partie de ces lacunes ; dans la description des monnaies parthes de sa collection, qu'il a publiée en 1877 comme supplément à l'ouvrage de Prokesch-Osten(1), il a donné de bonnes gravures de la plupart des variétés de Mordtmann. Malheureusement les monnaies dont il disposait étaient en petit nombre et de mauvaise conservation, en sorte qu'il a omis de figurer certaines particularités indispensables pour la fixation des attributions, quelquefois même il a méconnu entièrement la nature du type des revers ; c'est ainsi que le serpent qu'il indique, avec un point de doute, il est vrai, sur le revers d'une monnaie de Phraate IV, n'est autre chose que le buste d'une divinité.

Dans un ouvrage postérieur(2), le même auteur, sous la rubrique *Monnaies frappées en Perse au nom des Arsacides,* donne la description de 45 exemplaires qu'il répartit entre les seuls règnes d'Orode Ier et Phraate IV, en y comprenant le type anépigraphe classé d'ordinaire à Kamnaskirès (n° 725 de sa description, pl. I, n° 725).

La trouvaille de 1900, dont M. de Morgan a bien voulu nous confier l'examen, est composée en grande partie d'exemplaires de très bonne conservation ; elle renferme des variétés qui manquaient dans celle de 1874 et notamment quatre pièces de grand module avec légendes araméennes ; par contre, plusieurs types de cette dernière n'y sont pas représentés. C'est pourquoi, afin de donner une idée d'ensemble de cette série monétaire, qui représente le monnayage spécial à l'Élymaïde pendant une période relativement assez courte, nous avons cru devoir compléter la description détaillée des monnaies trouvées en Susiane en 1900, par une nomenclature sommaire de celles qui n'étaient pas comprises dans cette trouvaille : les premières sont représentées sur les planches X, XI, XII, XIII ; les secondes sur la planche supplémentaire XIV, qui comprend, en outre, deux monnaies de la trouvaille de 1900, parvenues à M. de Morgan postérieurement au premier envoi. Nous avons reproduit sur ces planches non seulement les types monétaires réellement distincts, mais même les variétés d'un même type qui ne présentent que des différences légères dans les effigies, la fabrique, ou la forme des caractères de la légende. Mieux que toute description ces photographies donneront une idée exacte du monnayage de bronze de l'Élymaïde, le seul qui nous occupe en ce moment.

Quant aux monnaies d'argent qui comprennent des tétradrachmes et des drachmes au nom de Kamnaskirès, elles forment une catégorie à part, qui ne s'est jamais trouvée mélangée aux monnaies de bronze ; elles ont pourtant avec elles une relation indéniable au point de vue des types et des symboles, aussi croyons-nous devoir rappeler ici, comme préambule obligatoire, les conclusions de l'étude spéciale que nous leur avons consacrée dans un travail récent(3).

La bibliothèque nationale possède quatre tétradrachmes d'argent au nom de Kamnaskirès

(1) A. de Markoff, *Les monnaies des rois parthes,* supplément à l'ouvrage de M. le comte Prokesch-Osten, 2° fascicule. Paris, 1877.

(2) De Markoff, *Collections scientifiques de l'Institut des langues orientales.* Saint-Pétersbourg, 1889.

(3) Allotte de la Fuye, *La dynastie des Kamnaskirès, Revue de numismatique,* 1902.

(R. N. 1902, pl. V, n° 1, 2, 3, 4). Le plus ancien n'est pas daté ; le revers porte la légende ΒΑΣΙΛΕΩΣ ΚΑΜΝΙΣΚΙΡΟΥ ΝΙΚΗΦΟΡΟΥ ; d'après le style de la pièce, le type de son revers, Apollon sur l'omphalos, et l'épithète de *Nicéphore* empruntée à Antiochus IV, on peut lui attribuer une date voisine de 150 (Sel.). Le tétradrachme n°2, au revers de Zeus Nicéphore, présente le portrait de Kamnaskirès accolé à celui de son épouse Anzazé et est daté de 231 (Sel.) ; à droite, dans le champ, est un symbole dans lequel nous n'hésitons pas à voir une ancre. Le n° 3, sur lequel le roi est figuré sous les traits d'un homme jeune encore, a le même revers avec la légende ΒΑΣΙΛ(ΕΩΣ ΚΑ)ΜΝΑΣΚΙΡΟΥ ΤΟΥ (μ)ΕΓ(αλου) ΒΑΣΙΛΕΩΣ ΚΑΜΝΑΣΚΙΡ(ου) le roi Kamnaskirès, fils du grand roi Kamnaskirès ». A l'exergue est une date, très peu visible, que nous croyons pouvoir lire ΑΝΣ = 241.

Sur le n° 4, le roi est plus âgé, il est vêtu à la mode parthe ; la disposition des cheveux qui retombent sur le front, en l'entourant comme d'une couronne, et se terminent en arrière par une sorte de chignon, est ici très accentuée : elle est caractéristique des souverains de cette dynastie depuis Kamnaskirès, époux d'Anzazé. Dans le champ, à droite, nous retrouvons l'ancre, mais, pour la première fois, elle est surmontée d'un astre à huit rayons. Au revers est un buste drapé, coiffé d'une manière analogue et entouré de la légende ΒΑΣΙΛΕΩΣ ΚΑΜΝΑCΚΡΟΥ ΤοΥ ΑΕΓ Β... ΜΝΑC... qui est à lire comme la précédente : *Le roi Kamnaskirès, fils du grand roi Kamnaskirès.*

A la suite de ce tétradrachme, de très bon style et de métal très pur, doivent se ranger, chronologiquement, des pièces de même module et quelques autres plus petites en bas argent, en potin et finalement en cuivre, dans lesquelles les types et le métal subissent des altérations progressives parallèles. Le symbole accessoire placé dans le champ reste d'abord composé de l'ancre et d'un astre ; dans les dernières pièces seulement apparaît le croissant, et l'astre se réduit à une simple croix, puis à un point.

Le n° 139 de notre planche XIV, qui appartient à notre collection, mais dont nous ignorons la provenance, présente un des derniers degrés de l'altération ; néanmoins on y distingue encore très nettement les traces du buste du revers, réduit à l'œil, l'oreille, et la coiffure caractéristique des Kamnaskirès.

Dans les trouvailles de 1874 et de 1900, on n'a pas signalé de pièces de grand module de ce type ; les pièces de petit module s'y trouvaient en petit nombre : 18 dans celle de 1900, dont 16 figurées à la planche X, n°s de 1 à 16. Le type du revers y est complètement dégénéré et réduit à quelques traits disséminés irrégulièrement dans le champ. Il est à remarquer que les types de la face sont assez variés et que quelques-uns sont d'assez bon style.

En résumé les conclusions de notre travail sur la dynastie des Kamnaskirès sont les suivantes :

— Il est absolument démontré qu'il a existé plusieurs rois de ce nom.

— Il est très probable qu'entre Kamnaskirès Nicéphore et Kamnaskirès époux d'Anzazé, il faut intercaler un Kamnaskirès, ayant porté le titre de grand roi, qui serait le père de celui auquel nous attribuons les tétradrachmes les plus récents.

— En admettant que Kamnaskirès Nicéphore soit le premier du nom, on pourrait résumer comme suit la succession des princes de cette dynastie :

Kamnaskirès I, Nicéphore, roi, vers 150 Sel. (av. J.-C. 163);

Kamnaskirès II, grand roi;

Kamnaskirès III, roi, époux d'Anzazé, en 231 Sel. (av. J.-C. 82);

Kamnaskirès IV, roi, fils du grand roi Kamnaskirès en 241 Sel. (av. J.-C. 72).

Les Kamnaskirès de bronze seraient attribuables à Kamnaskirès IV, sinon à un roi postérieur : par leur aspect, leur fabrique, les symboles qui s'y voient, ces monnaies accusent une parenté étroite avec celles qui se trouvent mélangées avec elles dans les trouvailles et qui portent les noms d'Orode et de Phraate; ces dernières sont-elles postérieures, les souverains qui y ont gravé leur nom sont-ils les grands rois arsacides connus, contemporains de César et d'Auguste, ou bien des rois homonymes indépendants ou vassaux ? Ce sont là des questions qu'il nous reste à étudier. Mais, avant de le faire, il nous semble indispensable, pour préciser la discussion, de donner ici un tableau chronologique de la suite des rois parthes qui ont régné pendant la période qui nous intéresse.

	ÈRE DES SÉLEUCIDES	ÈRE CHRÉTIENNE
Phraate III, fils de Sinatrocès.	243-256	70-57 (a. J.-C.)
Mithridate III, fils de Phraate III.	256-259	57-54
Orode I, fils de Phraate III.	256-276	57-37
Pacore I, fils d'Orode I.	275	38
Phraate IV, fils d'Orode I.	275-310	38-3
Tiridate II.	286	26
Phraatake, fils de Phraate II.	310-316	3 (a. J.-C.)-4 (p. J.-C.)
Orode II.	315-319	4 (p. J.-C.)-8 (p. J.-C.)
Vonones I, fils de Phraate IV.	319-322	8-11
Artaban III.	321-351	10-40
Vardane I, fils d'Artaban III.	352-356	41-45
Gotarzès, fils ou frère d'Artaban III.	351-362	40-51
Vononès II.	362	51
Vologèse I, fils de Vononès II.	362-372	51-61
Vardane II.	366-369	55-58
Vologèse II.	372-389	61-78
Vologèse III.	389-459	78-148
Pacore II, fils de Vologèse II.	389-421	78-110
Artaban IV.	392 (?)	80(?)-81(?)
Chosroès I, fils de Vologèse II.	417-441	106-130

Ce tableau résulte des nombreux travaux dont a été l'objet l'histoire des Parthes : l'abbé de Longuerue dans ses *Annales Arsacidarum*, a réuni presque tous les renseignements que nous ont légués les anciens ; ces renseignements, souvent contradictoires, sont complétés et contrôlés par l'étude des monnaies. Les travaux numismatiques de Visconti, de Longpérier, suivis de ceux de Prokesch-Osten, Gardner, de Markoff, ont permis à des historiens tels que Gutschmid et

Justi, de reprendre à nouveau l'histoire des Arsacides; néanmoins nous ne pouvons la considérer comme définitivement arrêtée; bien des points restent douteux; plus incertaines encore sont les attributions des monnaies; de nouveaux tétradrachmes arsacides, récemment entrés au British Museum, rentrent difficilement dans les classifications admises, et M. Warwick Wroth a apporté à celles-ci d'importantes modifications dans le nouveau Catalogue des monnaies parthes qu'il vient de publier: quelques-unes sont incontestables, plusieurs, bien que sérieusement motivées, soulèvent des objections et ne seront pas acceptées sans discussion. Aussi n'avons-nous pas cru devoir adopter intégralement le classement suivi dans le *Catalogue of the coins of Parthia* du British Muséum, et, sauf indication contraire, nous conserverons, au cours de la présente étude, les dénominations et les attributions les plus habituellement admises, c'est-à-dire celles de Longpérier et de Gardner.

En ce qui concerne la liste chronologique donnée ci-dessus, elle est commune à ces deux auteurs et à M. Warwick Wroth jusqu'à Vologèse I; à partir de ce prince l'accord cessé, et nous avons préféré le classement de Longpérier à celui de M. Warwick Wroth. Nous tenons à spécifier, d'ailleurs, que l'un et l'autre soulèvent de grosses objections et nous faisons particulièrement des réserves au sujet du long règne qui est attribué à Vologèse III (Vologèse II de Warwick Wroth). On le fait régner de 78 à 148 (p. J.-C.), c'est-à-dire 70 ans; on devrait, par suite, trouver, au début de son règne, une effigie jeune, très différente de celle des dernières années. Or, il n'en est rien; cette constatation semble appeler une revision des attributions admises et je serais tenté de croire que les tétradrachmes des premières années, qui portent les dates ΘΠΤ, ϠΤ, ΑϠΤ doivent être attribués non à Vologèse III, mais bien à Vologèse II (Vologèse I de Warwick Wroth). Le fait que l'effigie de ces tétradrachmes est coiffée d'une tiare, tandis que l'effigie habituelle de Vologèse II a la tête nue, n'est nullement incompatible avec cette nouvelle attribution, qui me paraît confirmée par l'examen attentif des traits caractéristiques des portraits, abstraction faite de la coiffure (1).

Ainsi que nous le montrerons, les monnaies de l'Elymaïde ont des rapports étroits avec celles des rois parthes; sur la liste des souverains de la Susiane figurent des Orode et des Phraate, nous essaierons de démontrer que l'on doit y ajouter des Vologèse et des Chosroès et que les uns et les autres sont identiques aux princes de même nom de la liste arsacide que nous avons donnée plus haut.

Notre travail sera divisé en deux parties:
Première partie: *Étude des types et symboles, étude des légendes, discussion des attributions.*
Deuxième partie: *Description des monnaies.*

(1) L'analogie des traits est particulièrement remarquable sur les tétradrachmes figurés nᵒˢ 1 et 8 de la planche XX de la collection de Pétrowicz; l'analogie se poursuit sur les drachmes nᵒˢ 2 et 11 de la même planche.

PREMIÈRE PARTIE

Étude des types et des symboles, étude des légendes, discussion des attributions.

---

§ 1. — ÉTUDE DES TYPES ET DES SYMBOLES

I. — TYPES DE L'AVERS.

Les types de l'avers peuvent se diviser en deux grandes catégories :
A. — Types avec tiare.
B. — Types sans tiare.
Nous examinerons successivement les diverses variétés qu'ils présentent et nous indiquerons pour chacune d'elles le nom du souverain présumé auquel elle est attribuée, nous réservant de justifier au dernier paragraphe nos propositions d'attributions.

A. — *Types avec tiare.* — Les types avec tiare sont communs pour la plupart à la trouvaille de 1874 et à celle de 1900 et s'y sont rencontrés en grand nombre ; ils doivent être considérés, par suite, comme antérieurs aux types sans tiare, avec cheveux relevés, de la planche XIV, 153-186, lesquels, en raison de leur absence totale dans la trouvaille de 1900, ont été émis vraisemblablement à une époque postérieure à l'enfouissement de celle-ci.

Tantôt de profil, tantôt de face, les types avec tiare se distinguent principalement par les ornements qui décorent la tiare et peuvent se classer comme suit :

Aa. Tiare de profil avec ancre { grand module.	Pl. X,	17	} Orode Ier.
{ petit module.	Pl. X,	18-40	
— —	Pl. XIV, 140-142		
Ab. Tiare de profil avec croissant ponctué.	Pl. XIII, 125-136		
Ac. Tiare de face avec deux croissants ponctués.	Pl. XIII, 117-124		Phraate.
— —	Pl. XIV, 150-152		
Ad. Tiare de face avec cordon perlé au milieu.	Pl. XI, 48-69		Orode II,
— —	Pl. XIV, 147-149		fils d'Orode.
— —	Pl. XIV, 142-144		Orode Ier.
— —	non figuré		Phraate.
Ae. Même tiare, ornée d'aigrettes, grand module.	Pl. XIV, 146		Orode II,
— petit module.	Pl. XI, 41-47		fils d'Orode.

Toutes les monnaies avec tiare ont, dans le champ, à droite, une ancre et au-dessus un croissant surmonté d'un point qui tient la place de l'astre qui figure sur les monnaies antérieures de Kamnaskirès ; exceptionnellement, l'astre a subsisté sous la forme d'une croix sur les monnaies de grand module, pl. XIV, 146, et sur quelques monnaies de petit module.

Les effigies ont entre elles une grande analogie : le souverain est fortement barbu et paraît drapé dans un manteau qui ne permet pas de juger si le cou est entouré du collier à spires multiples qui se voit sur les portraits de la dynastie arsacide et sur ceux des Kamnaskirès. La tiare est ceinte d'un diadème dont les extrémités pendent le long du dos ; les différences qui existent dans les traits du visage et la physionomie ne sont pas assez tranchées pour permettre, à elles seules, la répartition des monnaies entre trois souverains différents, mais, généralement, elles corroborent assez bien les indications qui résultent des légendes, des types de revers et des signes distinctifs de la tiare. Lorsque nous discuterons les légendes, nous verrons que les monnaies avec croissants ponctués, qu'elles soient de face ou de profil, portent en avant du profil l'abréviation ΠΡΑ et au revers la légende ΠΡΑΑΤΗΣ ΒΑΣΙΛΕΥΣ ou ΦΡΑΑΤΗΣ ΒΑΣΙΛΕΥΣ ; donc pour elles point d'hésitation, elles reviennent à un roi Phraate, auquel nous donnerons également toutes les monnaies anépigraphes ayant le croissant.

Par contre, les monnaies qui n'ont pas le croissant sur la tiare ne portent jamais le nom de Phraate ; les unes, où la tiare de profil est ornée d'une ancre, portent d'ordinaire en grec ou en araméen, la légende *Orode roi* ; les autres, de face, ont une tiare qui n'est ornée que d'un simple cordon perlé vertical, type Ad. Quand elles ne sont pas anépigraphes, elles portent le plus souvent, au revers, une légende araméenne qui se traduit par *Orode roi, fils d'Orode*. Le type Ae est semblable au type Ad, sauf que la tiare est entourée d'une série d'aigrettes verticales. La légende araméenne est la même sur les pièces de petit module, sur une pièce de grand module, qui ne se trouvait pas dans la trouvaille de 1900, mais qui existe à la Bibliothèque nationale et dont plusieurs exemplaires ont été rapportés de Perse par M. de Morgan à son dernier voyage, la légende araméenne est simplement *Orode roi* ; on serait par suite tenté de l'attribuer à Orode I, comme nous l'avons fait pour la pièce grand module, pl. X, 17, qui porte la même légende, mais,

n raison de l'identité parfaite qu'elle présente avec les pièces de petit module avec tiare à
igrettes, nous l'attribuons, comme celles-ci, à Orode II, fils d'Orode. Rien n'empêche d'admettre
ue ce souverain a modifié à différentes époques de son règne la légende de ses monnaies, et
u'après avoir inscrit *Orode roi, fils d'Orode,* il a supprimé le nom de son père ; ces réductions
uccessives des légendes monétaires sont constantes en numismatique romaine ; dans la série
rsacide on trouve également, pour un même souverain, plusieurs légendes différentes.

En résumé, nous attribuons à Orode II les monnaies de face où la tiare est ornée d'un cor-
on perlé ; nous faisons, pourtant, une exception pour les monnaies, pl. XIV, 142-143, aux revers
e l'aigle et du diadème, que nous donnons à Orode I, parce que leur effigie paraît plus âgée que
elle des monnaies d'Orode II, et aussi parce que le revers de l'aigle se trouve sur les monnaies
'Orode I, roi des Parthes, que nous identifions à notre Orode I, roi de Susiane.

Par exception également, nous attribuons à Phraate des monnaies avec tiare sans crois-
ant(1) qui présentent, au revers, des croissants affectant différentes dispositions. Ces revers avec
roissants, dont on trouve un spécimen, pl. XIII, 128, attribuable sans hésitation à Phraate, nous
araissent revenir à ce prince, qui semble avoir une prédilection marquée pour le symbole du
roissant.

B. — *Types sans tiare.* — Le type B peut être subdivisé comme suit :

Ba.	B. diadémé à g. avec la coiffure des Kamnaskirès, g. module.	Pl. XIV, 139	Kamnaskirès.
	— — p. module.	Pl. X, 1-16	
Bb.	B. diadémé de face, barbu, avec touffes latérales de cheveux, g. module.	Pl. XII, 70-72	Orode II,
	— — p. module.	Pl. XII et XIII, 73-116	fils d'Orode.
	— — —	Pl. XIV, 145	
Bc.	B. diadémé à g., barbe en pointe, touffes de cheveux sur la tête et sur la nuque.	Pl. XIV, 138	Phraatake (?).
Bd.	B. de face avec touffes de cheveux tombant sur les épaules et légende araméenne.	Pl. XIV, 153	X.
Be.	B. de face ou de trois quarts, grosses moustaches et barbiche, touffes de cheveux à droite et à gauche et au sommet de la tête.	Pl. XIV, 154-161	Orode III (?).
Bf.	B. diadémé à g., barbe courte en pointe, grosses touffes de cheveux, sur la et sur la nuque, avec ou sans légende.	Pl. XIV, 162-168	Orode III.
Bg.	B. diadémé à g., barbiche divisée en deux pointes, touffe de cheveux sur la tête, avec ou sans légende.	Pl. XIV, 169-175	Orode IV.
Bh.	Buste analogue, très longue barbiche, pas de touffes de cheveux.	Pl. XIV, 176-178	Y.
Bi.	Buste analogue, touffe de cheveux ou chignon sur la nuque.	Pl. XIV, 179-182	Z.
Bj.	B. diadémé à g., barbu, touffes de cheveux sur la tête.	Pl. XIV, 183-186	Vologèse II.
Bk.	B. diadémé à g., barbe en pointe, touffes de cheveux sur la tête et sur la nuque.		Chosroès.

Type Ba. Pl. XIV, 139 et pl. X, 1-16. — *Kamnaskirès.*
Ce type est probablement le plus ancien, le petit module seul faisait partie de la trouvaille de

---

(1) Ces monnaies qui n'ont pas été figurées sur les planches, ont été signalées par Mordtmann et se trouvent en
plusieurs exemplaires dans notre collection.

1900. Le roi est de profil à gauche, fortement barbu; sur quelques exemplaires, il a l'air d'un vieillard; les effigies présentent, d'ailleurs, une grande variété, mais se distinguent de celles de tous les autres souverains par la disposition de la coiffure; les cheveux forment sur le front et tout autour de la tête comme une couronne pouvant être confondue avec les bords d'un chapeau; en arrière, ils retombent sur la nuque et sont disposés comme une sorte de chignon ou de queue plus ou moins allongée; le diadème entoure la tête au-dessus de la couronne de cheveux. Cette disposition de la coiffure est analogue à celle des tétradrachmes du grand roi Kamnaskirès et de ses successeurs. Dans le champ à droite, est une ancre et au-dessus un croissant surmonté d'un astre, le plus souvent réduit à un point.

TYPE Bb. Pl. XII, 70-72 ; pl. XII et XIII, 73-116; pl. XIV, 145. — *Orode II fils d'Orode.*
Buste barbu de face ou de trois quarts, grosses touffes latérales de cheveux, diadème entourant le front, quelquefois au sommet de la tête petite houppe de cheveux autour de laquelle s'enroulent les extrémités du diadème ; dans le champ à droite, ancre surmontée du croissant ponctué. Ce type se rattache directement, par les légendes, au type Ad, tiare de face avec cordon perlé; comme lui, il appartient à Orode II fils d'Orode ; leurs légendes araméennes les plus habituelles sont URUD MaLKA BaRI URUD, KUMaŠKIR URUD MaLKA et KaBNaHZKIR URUD MaLKA BaR URUD MaLKA ; la première est absolument identique à celle des monnaies d'Orode II déjà signalées, les deux dernières reviennent également à Orode II : nous en indiquerons plus loin les raisons.

Nous avons dans ce monnayage d'Orode II un exemple bien caractéristique des étranges déformations que peut prendre une même effigie : qui pourrait reconnaître dans la figure en lame de couteau des n°s 110, 111, le gros joufflu des n°s 82 et 112? Cependant, les légendes sont là qui nous forcent à en reconnaître l'identité. Remarquons, d'ailleurs, que si le premier terme de la série est très différent du dernier, on passe de l'un à l'autre par des transitions insensibles et que, si l'on voulait répartir ces multiples effigies entre plusieurs souverains, on se trouverait fort embarrassé.

Les différences basées sur l'embonpoint ne sont pas d'ailleurs les seules qui méritent d'être signalées dans les effigies des n°s 70 à 116 ; la disposition de la chevelure présente des particularités dignes de remarque, qui ont quelquefois été méconnues. Le plus souvent, il existe au sommet de la tête une petite touffe de cheveux à la base de laquelle vient s'enrouler l'extrémité du diadème, après avoir entouré le front. Pour bien comprendre cette particularité, qui est assez visible sur les pièces de grand module 71 et 72 et qui se retrouve plus nette encore sur les monnaies postérieures de la planche XIV, n° 162 à 172, il faut se reporter à la représentation très caractéristique du diadème de ces souverains, qui nous est donnée au revers des n°s 144, 152; ce diadème comporte deux cercles concentriques : le plus grand correspond au front, le plus petit à la ligature qui serre la base de la touffe de cheveux supérieure ; pour compléter cette représentation du double diadème, on y a figuré minutieusement les deux grosses boucles du nœud terminal, lesquelles se voient fréquemment sur les effigies des souverains de l'Élymaïde.

Ainsi que nous l'avons dit, la coiffure avec le double diadème et la petite touffe au sommet
la tête est la plus fréquente sur les effigies d'Orode II sans tiare ; néanmoins il arrive quelque-
s que la touffe supérieure n'est pas visible, et, dans ce cas, les deux boucles du nœud terminal,
tement exagérées, se voient de chaque côté de la tête, comme dans les n°s 105 à 111.

En résumé, il est impossible d'établir des divisions bien tranchées dans cette nombreuse caté-
rie de monnaies ; nous la réunissons toute sous la rubrique unique, type Bb, en renvoyant pour
variantes de détail aux planches XII, XIII, XIV, à la figure 331, n°s 6,7,8,9 intercalée plus loin
ns le texte ; les quatre pièces de grand module que représente cette figure, ont été recueillies
emment en Perse, loin de Suse, et leur origine première est inconnue. Elles offrent, avec des
endes identiques, quatre types d'Orode II qui pourraient être caractérisés par les mots : très gros,
os, moyen, maigre ; en ajoutant à ces quatre pièces le n° 70, pl. XII, où la tête de trois quarts est
n style remarquable, on a une représentation assez complète de cette intéressante catégorie
monnayage d'Orode II.

Type Bc. Pl. XIII, 138. — *Phraatake* (?).
Buste de profil à gauche avec moustaches et barbe en pointe, grosses touffes de cheveux sur la
que et sur le sommet de la tête, double diadème ; au revers, Artémis radiée avec arc et carquois,
c légende grecque incertaine ; les symboles habituels de l'ancre et du croissant ponctué ne se
uvent ni à l'avers, ni au revers. C'est la seule pièce de la trouvaille de 1900 qui soit dans ce cas.

Ce type manquait totalement dans la trouvaille de 1874 et est unique dans celle de 1900 ; on
it en conclure qu'il a été émis en très petite quantité. Nous discuterons plus loin la légende et
ttribution ; constatons, dès à présent, que cette pièce, par le type de l'avers, diffère de toutes les
onnaies de là trouvaille de 1900 et se rapproche beaucoup des monnaies postérieures de la
anche XIV, mais que, par son revers d'Artémis et sa légende grecque, elle se rattache aux mon-
ies émises au nom de Phraate ; en dehors de toute autre considération, cette constatation suffit
ur faire conjecturer qu'elle s'intercale chronologiquement entre le Phraate de la planche XIII
l'Orode III de la planche XIV.

Si, comme nous sommes porté à le croire, l'Orode I et le Phraate I de Susiane ne sont autres
e les rois arsacides, Orode I et Phraate IV, le souverain qui inaugure dans la série susienne
type singulier à chevelure relevée en grosse touffe sur le sommet de la tête pourrait bien être
raatake, le fils de Phraate IV et de l'esclave Moùsa. C'est là une opinion très conjecturale,
r, il faut bien le dire, la légende est d'une lecture très incertaine ; si, à la rigueur, on peut y
uver les éléments du nom de Phraatake, on pourrait également y lire le nom d'Orode ou même
lui de Chosroès : nous verrons plus loin quelles sont les raisons qui nous conduisent à préférer
ttribution à Phraatake.

Type Bd. Pl. XIV, 153. — *X*.
Buste de face avec touffes de cheveux tombant sur les épaules et légende araméenne.

L'exemplaire de la planche XIV qui appartient à notre collection est très indistinct, un exemplaire beaucoup plus net a été trouvé à Suse par M. Dieulafoy et est déposé au Musée du Louvre pour l'un comme pour l'autre la légende tronquée et peu distincte ne permet guère de hasarder une attribution. Constatons seulement que le revers de cette monnaie, l'ancre accostée de deux croissants, le tout dans un diadème, est identique à celui que nous trouvons parmi les monnaies anépigraphes à la tête de face que nous classons dubitativement à Orode III.

Type Be. Pl. XIV, 154-161. — *Orode III.*

Buste de face, grosses moustaches, barbiche frisée à son extrémité et séparée en deux pointes, à droite et à gauche deux grosses touffes de cheveux, sur le sommet de la tête une touffe plus ou moins grosse. En général, il n'y a du côté de l'avers ni ancre, ni croissant ponctué, exceptionnellement nous voyons apparaître à droite du buste, pl. XIV, 161, un croissant et, à une certaine distance au-dessus, non pas un point, mais bien un astre parfaitement formé, particularité que nous n'avons jamais rencontrée jusqu'ici dans les pièces de petit module. Notons, d'ailleurs, que, si le symbole de l'ancre est absent sur l'avers du type Be, il se retrouve toujours au revers.

Deux revers distincts sont associés au type Be : le premier, l'ancre avec croissants dans un diadème, le rapproche du type précédent ; le second, l'Artémis de profil, avec coiffure spéciale, est très analogue à l'un des revers du type Bg que nous attribuons à Orode IV.

Le type Be est toujours anépigraphe ; on peut, en raison de la disposition de la coiffure, l'assimiler soit au type Bc Phraatake, soit au type Bf Orode III ; nous nous sommes arrêtés à cette dernière assimilation.

Type Bf. Pl. XIV, 162-168. — *Orode III.*

Buste à gauche, moustache et barbe ; au sommet de la tête et sur la nuque, grosse touffe de cheveux.

Ce type présente deux variétés : sur la première on lit, en pehlvi, en avant du profil, *Orode roi* ; la seconde est anépigraphe, et, à la place de la légende, se trouve une ancre. Ces deux variétés appartiennent évidemment au même souverain Orode III, car les effigies de l'avers, comme celles du revers, sont semblables.

Type Bg. Pl. XIV, 169-175. — *Orode IV.*

Même description que pour le type Bf, sauf que la barbe est plus courte et divisée en deux pointes et qu'il n'y a pas de touffe de cheveux sur la nuque.

Le type comporte deux variétés, la première 169-171 porte la légende pehlvie *Orode roi* et il existe généralement dans le champ à droite une ancre qui se répète au revers à la même place, derrière la tête d'Artémis ; la deuxième variété 172 à 175 est anépigraphe et ne présente d'ancre ni d'un côté ni de l'autre ; il y a seulement un croissant derrière la tête d'Artémis.

Ces deux variétés ont été émises par un même roi du nom d'Orode, mais nous pensons, en
ison de la différence de la coiffure et du caractère plus jeune de la physionomie, que c'est
 Orode IV, fils d'Orode III.

TYPE Bh. Pl. XIV, 176-178. — *Y*.

TYPE Bi. Pl. XIV, 179-182. — *Z*.

Ces deux types ont avec le précédent une grande analogie, on doit noter, néanmoins, les dif-
rences suivantes : la touffe supérieure de cheveux a disparu, la barbiche est plus longue ; enfin,
 revers, l'Artémis en pied, accostée d'un croissant, a remplacé le buste d'Artémis. Ce change-
ent de revers, joint aux différences iconographiques, constitue un indice suffisant pour faire
·ésumer un changement de règne.

D'autre part, les types Bh, Bi se différencient entre eux ; le premier n'a pas, comme le second,
s cheveux disposés en touffe ou chignon sur la nuque ; on doit remarquer, aussi, que, sur les
ièces du dernier type, on voit reparaître le double symbole de l'ancre et du croissant ponctué (1) ;
 chose est bien nette sur le n° 181, on peut même constater, qu'au lieu du croissant ponctué
·roprement dit, on a un croissant et un astre bien formé, qui en est nettement séparé. En outre, les
·vers des types Bh, Bi présentent des différences appréciables que nous signalerons lorsque
ous traiterons des types de revers.

En résumé, il paraît y avoir des raisons suffisantes pour répartir les types Bh, Bi entre deux
ouverains distincts Y et Z.

TYPE Bj., Pl. XIV, 183-186. — *Vologèse II* (?) (*I* de Warwick Wroth).

Buste barbu à gauche, généralement assez barbare, grosse touffe de cheveux au sommet de
 tête et sur la nuque, double diadème ; dans le champ, à droite, l'ancre surmontée d'un croissant
onctué ; au revers, Pallas Athéné avec la lance et le bouclier.

La disposition de la coiffure est évidemment analogue à celle d'Orode III et c'est à tort que
Iordtmann (2) l'a comparée à celle des Kamnaskirès, il y a entre elles des différences essentielles :
ans la coiffure des Kamnaskirès, il n'y a qu'un diadème unique placé au-dessus de la couronne
e cheveux, tandis que sur notre type Bj, comme sur les types Be, Bf, Bg, le diadème principal
ntoure le front, et il y a, en outre, une ligature au bas de la touffe de cheveux ; par suite le type
·j doit être classé, non au commencement de la série comme l'a fait Mordtmann, mais à la fin.
ous exposerons plus loin les raisons qui nous portent à l'assimiler au roi parthe Vologèse II,
. 19.

---

(1) Sur le type Bh, il existe une ancre, qui n'est pas visible sur les monnaies 176-178, mais que j'ai constatée sur
 exemplaire de la collection Pétrowicz.

(2) Mordtmann, *Weitere Beiträge zur Kenntniss der persepolitanischen Münzen*, n° 2, p. 42, *Z.f.N.*, BVII, 1880.

Type Bk. Fig. 3, 4. — *Chosroès.*

Buste à gauche, avec moustaches et barbe en pointe ; grosses touffes de cheveux sur la nuque et sur le sommet de la tête, double diadème.

Cette pièce existe en double exemplaire dans la collection Pétrowicz (1), où elle est classée parmi les monnaies arsacides du roi Chosroès ; le type de l'avers est, en effet, très analogue à celui des drachmes de ce roi. Mais le type du revers, l'Artémis chasseresse avec légende grecque, nous paraît tellement semblable à celui de nos pièces de Phraate et Phraatake que nous croyons devoir attribuer cette monnaie à la Susiane.

Nous devons noter que notre pièce n° 138, attribuée dubitativement à Phraatake, présente de grands rapports avec les deux pièces de Chosroès de la collection Pétrowicz ; nous en ferons plus loin l'objet d'une discussion complète.

II. — Types des revers.

En traitant des types de l'avers, nous avons été amené à mentionner ceux du revers, parce que, bien souvent, ils se prêtent une aide réciproque dans la fixation des attributions ; bien des choses, néanmoins, restent à dire au sujet de la détermination des types de revers, de leur origine et de leur emploi dans le monnayage de l'Élymaïde.

Nous les diviserons en quatre catégories :

1re catégorie : Types divins.

2°   —   Type du buste de la reine.

3e   —   Type dégénéré de l'effigie du grand roi Kamnaskirès.

4e   —   Types divers.

Première catégorie. — *Types divins.* — Avant d'aborder l'étude des types divins, il nous paraît nécessaire de rechercher quelles pouvaient bien être, au commencement de l'ère chrétienne, les divinités honorées en Élymaïde.

Dieux de l'Élymaïde. — Extension probable de l'Élymaïde. — Et d'abord où se trouve exactement l'Élymaïde et quelles en sont les limites ?

D'après le témoignage de Strabon elle est contiguë à la Susiane ; Pline est plus précis : « *Susianam ab Élymaïde disterminat amnis Eulœus* » : le fleuve de l'Eulœus sépare la Susiane de l'Élymaïde. Or, nous savons, par les documents les plus anciens, que Suse était sur l'Eulœus, ce qui nous est encore confirmé par la dénomination de « Séleucie sur l'Eulœus » que lui donne

(1) Sammlung Pétrowicz, *Osroès*, n°s 1 et 2, pl. XXI, 12. Wien, 1904.

e inscription grecque de l'époque séleucide, récemment mise au jour par la Délégation. Suse,
x confins de la Susiane et de l'Élymaïde, a très certainement exercé une influence prépondérante
· l'une et l'autre de ces contrées, en supposant qu'elles soient distinctes; j'ajoute que, vraisem-
blement, à l'époque qui nous occupe, les grandes divisions politiques correspondant aux satrapies
Darius s'étaient reconstituées et que la Susiane et l'Élymaïde de Strabon formaient un royaume
ique correspondant à l'ancienne Susiane, l'Uvaza des inscriptions, comprise entre la Médie, la
lylonie et la Perside.

Quoi qu'il en soit, si nous voulons des renseignements sur la religion des peuples de l'Ély-
aïde, c'est à Suse, l'ancienne capitale de l'Élam, la résidence des rois achéménides et d'Alexandre,
'il faut les chercher.

L'ÉLAM AVANT LES PERSES. — Quels furent ses premiers habitants et leurs dieux ? Les inscrip-
ns ne nous l'ont point appris ; nous savons seulement que, plus de 4 000 ans avant J.-C., si l'on
met la chronologie de Nabonide, qui fixe à 3 800 ans avant notre ère le règne de Sargon d'Agadé,
pays de Suse est en rapports constants et presque toujours en lutte avec les cités de la Chal-
e, Our, Kich, Uruk, Lagach (Sirpurla), lesquelles florissaient à une époque où le nom de
bylone n'est pas encore prononcé ; un peu plus tard, Naramsin, fils de Sargon, conduit dans
s montagnes une expédition victorieuse, dont une admirable stèle nous a conservé le souvenir,
s'empare de la Susiane ; c'est là un point de repère fondamental dans l'histoire de l'Élam. Suse
·vient, pour un temps, vassale d'Agadé et l'élément sémitique y domine, sans faire disparaître
·anmoins l'élément rival représenté par la race anzanite ; les patésis ou vice-rois qui la gou-
·rnent écrivent en sémitique, mais leurs noms Kal-Rouhouratir, Houmbanoumena, sont anza-
tes, et dans leurs inscriptions, les dieux susiens se mêlent aux dieux de la Chaldée.

Combien de temps dura le régime des patésis ? Il est difficile de le préciser; mais, vers 2280,
s Élamites sont affranchis et un brillant conquérant, Koudour-Nahhounte, fonde une dynastie
nzanite au cœur de la Babylonie, après avoir pillé ses sanctuaires les plus vénérés et transporté
·urs dépouilles à Suse ; en particulier il y installe la grande déesse d'Uruk, la déesse Nanâ,
u'Assurbanipal y retrouve 1635 ans plus tard. Bien certainement pendant son séjour prolongé
ur les bords de l'Eulœus, elle fut comblée d'honneurs ; et c'est là un point sur lequel il est bon
'insister, car il caractérise bien l'idée religieuse dans l'antiquité païenne ; la piété s'étend aux
ivinités étrangères, le vainqueur aime à emporter comme trophée les dieux de ses ennemis, il
·s installe chez lui, il les choie pour les détacher de l'adversaire et les amener à reporter sur lui-
·ême leur protection.

Ainsi dut-il en être pour Nanâ et son souvenir s'est conservé longtemps dans les régions
·ersiques, si l'on en juge par un passage du livre des Machabées, qui, en pleine époque séleu-
ide, mentionne encore le temple de Nanâ, où Antiochus le Grand trouve la mort (1).

_____

(1) Machabées, liv. II, 13.

Qu'était-ce donc que cette déesse étrangère qui laisse en Susiane des souvenirs plus vivaces que les dieux susiens eux-mêmes? Assurbanipal, dans ses annales, écrit son nom en toutes lettres Na-na-a et nous fait connaître qu'elle n'est autre que l'ancienne déesse d'Uruk. Celle-ci semble être désignée dans les textes les plus anciens des rois de Lagach et d'Uruk par un idéogramme de lecture fort incertaine (1) qui, à une époque postérieure, représente la déesse Istar sous ses multiples aspects : originairement déesse pastorale, Istar est encore la déesse de la fécondité et de l'amour et la dame des batailles ; au ciel, c'est la brillante Vénus qui règne avec Šamas et Sin. L'identité qui a pu exister entre Nanâ d'Uruk et l'Istar primitive s'est-elle conservée dans son intégrité pendant le cours des âges? Il est permis d'en douter, car, dans un des textes religieux où figure le nom de Na-na-a écrit phonétiquement (2), on la trouve citée en même temps qu'Istar, ce qui semble indiquer qu'elles n'étaient pas absolument confondues.

Quoi qu'il en soit, entre elles les rapports étaient grands et les traditions babyloniennes et assyriennes sont la principale source d'informations dont nous disposons pour reconstituer la personnalité de la Nanâ susienne, jusqu'à l'époque achéménide.

Après la destruction de Suse par Assurbanipal, la nationalité anzanite ne se relève plus et la Susiane n'apparaît plus que comme une province babylonienne ; des dieux susiens, il n'est plus question et ce sont ceux de Babylone qui vont se trouver en contact avec les dieux de la Perse.

Le panthéon des Achéménides est d'ailleurs originairement fort peu compliqué : Darius dans ses inscriptions ne parle que du Dieu suprême Ahura-Mazda et c'est seulement sous Artaxercès-Mnemon qu'il est fait mention de Mithra et d'Anahita ; Bérose, cité par Clément d'Alexandrie, nous dit, d'ailleurs, qu'à l'origine les dieux de la Perse n'avaient pas de représentation matérielle et que, le premier, Artaxercès, fils de Darius, fit faire des statues d'Aphrodite-Anahita dans les villes de Babylone, Ecbatane, Suse, Persépolis, Bactres, Sardes et Damas.

A ce moment, la religion perse, au contact des cultes de Babylone, subit une modification profonde et, vraisemblablement, Anahita, la pure déesse de l'Avesta et Istar-Nanâ, fort différentes en principe, viennent se fondre en une divinité unique que les Grecs ont connue sous le nom d'Ἀναῖτις. Sans doute, ce n'est là qu'une présomption, mais le fait que ces deux déesses sont l'une et l'autre nommées Aphrodite par les auteurs grecs, en fait presque une certitude. Nous sommes donc autorisé à penser que la forme matérielle donnée à Anahita, à l'époque d'Artaxercès, a été inspirée par les représentations d'Istar. Sur un cylindre babylonien du British Museum est figurée une déesse vêtue d'une longue robe, coiffée d'une tiare à cornes, et qui semble armée d'un

---

(1) L'idéogramme de la déesse Nanâ-Istar est celui qui entre dans la composition de l'idéogramme de la ville de Suse ; sous sa forme archaïque, il rappelle le signe RI avec lequel il a été quelquefois confondu. Il est absolument distinct de celui de la déesse Nina ; celle-ci, malgré l'analogie des noms, n'a rien de commun avec Nanâ, tout au moins à l'origine : c'est une déesse maritime, comme l'indique son idéogramme qui comprend l'image d'un poisson ; elle est l'enfant d'Eridu, fille du dieu poisson Ea ; tandis que Nanâ-Istar est désignée tantôt comme fille de Bel, tantôt comme fille de Sin. — Sur des documents de Koudour-Maboug, roi d'Erech, on trouve le nom de Nanâ écrit phonétiquement.

(2) *Die assyrische Beschwörungsserie*, Maqlû, 5ᵉ tablette, l. 59-60, « *ina qibit Istar, Tammuz, Nanai, belit râmi* », par l'ordre d'Istar, de Tammouz, de Nanâ déesse de l'amour.

. On la regardait généralement comme une Istar babylonienne ou assyrienne ; cette suppo-
on vient d'être confirmée par la découverte toute récente, faite à Babylone, d'un bas-relief,
figure, avec le nom d'Istar, une déesse analogue qui est également armée de l'arc ; nous
ons, d'autre part, par Plutarque, qu'au temps d'Artaxercès, existait dans un sanctuaire de
sargade, la statue d'une déesse guerrière qui rappelait Minerve (1).

De tout cela nous pouvons conclure que l'Anaïtis perse n'était pas sans analogie avec l'Istar
ylonienne et la complexité de ses attributs nous fait comprendre pourquoi les Grecs l'ont assi-
ée, tantôt à Aphrodité, tantôt à Artémis ou à Athéné. Rien ne prouve, d'ailleurs, que les nom-
uses statues que lui fit élever Artaxercès furent semblables et que celle de Sardes fut identique
elle de Suse, celle de Suse à celle de Bactres. En ce qui concerne cette dernière, les monnaies
ppées dans l'Inde par les rois Kanishka et Huvishka, au premier siècle de notre ère, nous four-
sent une indication précieuse ; elles nous montrent l'image d'une déesse vêtue d'une longue
e, portant un sceptre ou une arme, et dont la tête est ornée d'un croissant et entourée d'un
nbe : évidemment, c'est une Aphrodite orientale, dont le prototype semble devoir être la statue
l'Anahita perse élevée à Bactres par Artaxercès ; néanmoins la légende NANAIA ou NANO
us donne le nom sémitique de la déesse Nanâ de Suse, ce qui prouve combien le culte de cette
inité avait conservé des attaches puissantes dans les parties les plus éloignées de la monarchie
néménide.

Notons, d'ailleurs, que, sur les monnaies indo-bactriennes des mêmes rois, on voit appa-
tre, mélangées aux images des divinités helléniques et indiennes, celles des dieux iraniens et
tre autres celle de Mithra ; ce doit être une des plus anciennes représentations connues de ce
eu et probablement, comme celle de Nanâ, elle vient de Bactres. Est-ce à dire qu'elle est aussi
cienne et faut-il en conclure que Mithra a eu des statues dès l'époque achéménide ? Rien n'au-
ise à le penser.

Époque grecque. — Nous avons cherché à dégager de l'étude des textes et des monuments
urés, les points les plus saillants du culte extérieur des peuples de la Susiane sous la domina-
n achéménide, et nous avons montré l'influence prépondérante qu'ont exercée sur son dévelop-
ment les mythes de l'antique religion babylonienne ; à cette influence il faut en joindre une
tre qui est loin d'être négligeable, c'est celle de l'hellénisme. Darius et ses successeurs ont vu
urs immenses armées impuissantes à triompher de la résistance héroïque du petit peuple grec et,
ns doute, ils durent en concevoir une estime singulière pour les dieux protecteurs de l'Hellade ;
ercès avant de franchir l'Hellespont sacrifie sur les autels d'Athéné d'Ilium et, comme jadis Kou-
ur-Nahhounte, il rapporte dans ses états des images vénérées des dieux de la Grèce, la statue
airain d'Apollon Milésien à Ecbatane et l'antique idole d'Artémis Brauronia à Suse. Voilà donc
s divinités grecques introduites au cœur de l'empire achéménide ; sans aucun doute elles furent

(1) Ἔστι δὲ Θεᾶς πολεμικῆς ἱερὸν, ἣν Ἀθηνᾶν ἄν τις εἰκάσειέ, Plutarque, *Vie d'Artaxercès*, III, 40.

bien reçues, d'autant plus qu'entre Apollon et Mithra, Artémis et Anaïtis le rapprochement était facile. A Suse, particulièrement, où l'idée nationale et religieuse devait être singulièrement confuse, les progrès de l'hellénisme durent être rapides et la domination macédonienne n'eut pas de peine à s'y faire accepter. Alexandre y séjourne à deux reprises, Séleucus lui donne son nom, et, de toutes parts, en Susiane comme en Babylonie, s'élèvent les sanctuaires d'Artémis et d'Athéné dont font mention Strabon et Isidore de Charax.

Époque parthe. — La révolte parthe, qui enlève aux Séleucides la domination de l'Asie, a pu amener une réaction : elle ne semble pas avoir été bien accentuée, si l'on en juge par les types religieux grecs qui continuent à figurer sur certains tétradrachmes de Mithridate I et de ses successeurs ; les premières monnaies des Kamnaskirès, frappées en Susiane, adoptent également les types d'Apollon et de Jupiter ; tout au plus peut-on trouver dans le type composite du satrape assis sur l'omphale des drachmes arsacides, un souvenir des origines nationales ; encore disparaît-il sur les tétradrachmes à l'époque d'Orode et de Phraate IV. Sous ce dernier prince, le type le plus ordinaire des tétradrachmes est une Tyché portant une corne d'abondance et présentant au roi une couronne ou une palme ; quelquefois au-dessus de la tête de la déesse est un croissant, ce qui pourrait faire supposer qu'il faut voir là une représentation d'Artémis considérée comme divinité protectrice du roi (1) ; ce qui donne une certaine vraisemblance à cette hypothèse, c'est que la Tyché est parfois remplacée par une déesse casquée, qui doit être assimilée à Pallas. Il n'y aurait rien que de naturel à voir figurer sur les monnaies de souverains qui se parent du titre de philhellènes, les deux divinités grecques qui étaient le plus en honneur dans les provinces qui avaient fait partie de l'empire des Séleucides.

Cette époque d'Orode et de Phraate IV est précisément celle de nos monnaies de l'Élymaïde : nous y retrouvons des types incontestables d'Artémis et d'Athéné représentées en pied avec leurs attributs ordinaires ; d'autres types divins, réduits à des bustes, sont d'une attribution plus douteuse ; on y a vu Sérapis et Mithra et bien d'autres choses encore. Nous pensons que c'est faire fausse route et que, suivant une habitude assez répandue dans la numismatique ancienne, les divinités figurées en buste ne sont autres que celles qui sont représentées en pied ; pour nous, les bustes de face et de profil des revers, sauf une ou deux exceptions, sont ceux d'Artémis. N'oublions pas que les monnaies de la catégorie qui nous occupe, ont été à plusieurs reprises trouvées à Suse et qu'au dire de Pline il existait dans cette Suse un sanctuaire d'Artémis, le plus vénéré des temples de la région. « *Amnis Eulæus..... circuit arcem Susorum ac Dianæ templum augustissimum illis gentibus.* » La statue adorée sur les bords de l'Eulæus était-elle identique à l'une des nombreuses représentations de l'Artémis grecque ? Dans tous les cas elle diffère de l'Artémis Brauronia qui avait séjourné à Suse quelques centaines d'années et dont

---

(1) Artémis est fréquemment adoptée comme Tyché par des villes asiatiques, voir en particulier une monnaie de Gérasa avec l'inscription ΑΡΤΕΜΙΣ ΤΥΧΗ ΓΕΡΑϹΩΝ, de Saulcy, *Num. de la Terre Sainte*, Pl. XXII, 1 et 2.

iage nous est connue par des monnaies de la ville de Laodicée, où Séleucus l'avait transportée.
utons que les effigies d'Artémis représentées sur nos monnaies présentent certaines particu-
tés qui peuvent faire croire que les types grecs ont subi des modifications auxquelles les sou-
irs lointains de Nanâ et d'Anahita ne seraient pas étrangers.

Type d'Artémis. — Type d'Artémis en pied avec arc et carquois. — Parmi les types
ins des revers, il en est un qui est incontestable, celui d'Artémis debout tenant d'une main son
et prenant de l'autre une flèche dans son carquois. Mordtmann a voulu y voir un archer
the(1) et M. de Markoff(2) une amazone ; Longpérier ne s'y est pas trompé, pas plus que
Warwick Wroth ; il n'y a là ni archer, ni amazone, mais bien une Artémis grecque, le
ssant qui se voit dans le champ, pl. XIV, 177, 178, précise l'attribution. Le type n'est
lleurs pas inconnu en numismatique et ne diffère de celui des drachmes de Timarque(3) que
quelques détails de la coiffure qui, sur certains exemplaires, est surmontée du calathos et
ourée d'une couronne radiée. Le type d'Artémis avec arc et carquois devait avoir en Susiane
faveur spéciale, si l'on en juge par sa persistance, car nous le trouvons sous cinq souverains
érents : Phraate, pl. XIII, 117-127 ; Phraatake (?), pl. XIII, 138 et postérieurement, Y...,
XIV, 176-178 ; Z..., pl. XIV, 179-182, et Chosroès(4). Mordtmann(5) cite le même type de
ers sur une pièce qu'il attribue à Orode I ; je doute fort de cette attribution qui repose proba-
ment sur une fausse lecture ; le type de l'avers appartient à Phraate et Mordtmann aura lu
ιδη(ς β)ασιλευς pour Πραατης βασιλευς, il est permis de s'y tromper, étant données les formes
 barbares du grec cursif employé dans ces légendes.

Ce type présente des particularités intéressantes et des variantes qu'il importe de signaler.
On le rencontre sur des monnaies de Phraate au buste de face et au buste de profil qui
tent l'une et l'autre la légende ΦΡΑΑΤΗΣ ΒΑΣΙΛΕΥΣ ou ΠΡΑΑΤΗΣ ΒΑΣΙΛΕΥΣ plus ou moins
igurée (pl. XIII, 117-127) ; d'ordinaire c'est sur les monnaies à buste de face, et particuliè-
nent sur celles dont les légendes emploient la lettre Φ, que le type d'Artémis est le plus distinct
conserve une certaine allure grecque ; la déesse est vêtue d'un chiton talaire court, sa tête est
nte d'une couronne radiée et, autant qu'on peut en juger par le n° 118, elle porte le calathos.
tte double particularité se retrouve parfaitement sur le buste de profil qui est spécial aux mon-
ies d'Orode, pl. X, 18-30. Le calathos n'est nullement inconnu aux types grecs d'Artémis : sans
rler de la fameuse statue archaïque d'Éphèse qui, avec ses attributs multiples, est une déesse
ine tout autre nature, on peut citer l'Artémis Brauronia qui présente un intérêt spécial parce
'elle a séjourné à Suse.

(1) Mordtmann, *Weitere Beiträge. Z. f. N.*, B. VII, 1880.
(2) De Markoff, *Les monnaies des rois parthes*, 2ᵉ fasc., p. 10 et 37.
(3) Babelon, *Rois de Syrie*, CXVI.
(4) Sammlung Pétrowicz, *Osroès*, nᵒˢ 1 et 2, pl. XXI, 12. Wien, 1904.
(5) Mordtmann, *loc. cit.*, n° 18.

La couronne radiée n'est pas ordinaire sur la tête d'Artémis : il ne semble pas qu'il y ait lieu d'attacher une importance trop grande à l'existence de cette couronne, pas plus qu'à celle du calathos ; car on peut remarquer que la Tyché des tétradrachmes de Phraate IV a tantôt la tête nue, tantôt coiffée du calathos, de la couronne murale ou de la couronne radiée, sans que ces différences puissent être considérées comme modifiant le caractère de cette déesse. Parmi nos variétés d'Artémis chasseresse nous retrouvons les mêmes différences : celles des n°s 117 à 120 ont le calathos et la couronne radiée, celle du n° 138 la couronne radiée, celles des n°s 177-182 la tête nue ou ornée de la parure spéciale qui apparaît plus distincte sur les bustes de profil tels que le n° 157. Bien que ces légères variantes ne changent pas le caractère essentiel de la déesse, elles ne sont pas à négliger ; il est fort possible qu'elles nous conservent le souvenir de plusieurs statues d'Artémis existant dans différents sanctuaires de la région et que les particularités de la coiffure, qui les distinguent du prototype grec, soient des réminiscences lointaines des antiques images de Nanâ et d'Anahita.

Sur la monnaie unique, pl. XIII, 138, que j'attribue très dubitativement à Phraatake, nous trouvons une Artémis chasseresse à tête radiée ; le type n'est pas dépourvu d'une certaine élégance et, comme je l'ai déjà fait remarquer, il est très analogue à celui des monnaies de Phraate.

Sur les monnaies de la planche XIV des n°s 176 à 182 que je crois d'une époque assez postérieure, le type reparaît très modifié : l'Artémis des n°s 179-182 massive, courte et raide, n'a plus rien de grec ; celle des n°s 176-178, bien qu'elle ait un peu plus de mouvement, ne vaut guère mieux. Le revers des n°s 176-178 se distingue de celui des n°s 179-182 par le croissant placé dans le champ à gauche d'Artémis.

Types d'Artémis au buste de profil. — Nous distinguons deux types d'Artémis au buste de profil : le premier est spécial aux monnaies d'Orode I, le deuxième n'apparaît que plus tard sous Orode III et ses successeurs.

1er *type* : pl. X, 18-30. — Buste féminin à droite, la tête est ceinte d'un diadème qui paraît avoir un ornement central, peut-être en forme de croissant, elle est entourée de rayons et porte le calathos ; c'est le type où Mordtmann voyait l'image de Sérapis ; je n'hésite pas à y reconnaître une Artémis très analogue à celle qui paraît en pied sur les monnaies de Phraate. Autour du buste de la divinité est écrit en grec, sous des formes très diverses, le nom du roi Orode.

2e *type* : il présente deux variétés. 1re *variété*, pl. XIV, 157-161. — Buste féminin à gauche, le cou entouré d'un collier de grosses perles, les cheveux tombant sur le front ; au sommet de la tête est disposée une parure spéciale qui semble surmontée d'un cimier constitué par une série de pointes rayonnantes terminées par des boules ; sur les exemplaires bien conservés, tels que 157, 158, 170, on aperçoit une deuxième série de boules qui sont disposées sur une ligne concentrique au cimier et qui appartiennent vraisemblablement à des ornements latéraux, en sorte qu'il est permis de supposer que la parure, vue de face, se présentait sous la forme d'un diadème orné, de aque côté des tempes, de rayons terminés par des perles et dominé dans sa partie centrale par extrémité antérieure du cimier. C'est là, certes, un ornement bien oriental qui rappelle beaucoup couronne avec rayons perlés que portent souvent les grands dieux du panthéon hellénique sur s monnaies bactriennes, dès l'époque d'Euthydème et de Démétrius. La planche III du cata-gue du British Museum « *The coins of the greek and scythic Kings of Bactria* » est particu-rement intéressante à consulter ; nous y voyons (n° 1) une Artémis nettement caractérisée, dont tête est entourée de rayons sans perles, tels que ceux de notre premier type, et n° 9 une divi-té féminine, d'attribution plus incertaine, qui porte un diadème avec rayons perlés.

Les revers appartenant à la première variété du 2ᵉ type sont anépigraphes ; l'ancre séleucide ns croissant figure dans le champ à droite.

2ᵉ variété. — Même description que ci-dessus, sauf que le cou n'est pas orné d'un collier perles et que le diadème est posé plus bas et semble terminé sur le front et sur la nuque par 1e boule de fortes dimensions. Cette particularité est également nettement visible sur les rtémis en pied des n°ˢ 179-181, malgré la petitesse de l'échelle qui empêche de distinguer les 1tres détails de la coiffure.

La 2ᵉ variété du 2ᵉ type est anépigraphe comme la première ; elle comporte dans le champ à oite, tantôt une ancre, 169-171, tantôt un croissant, 172-175.

Tous les revers du 2ᵉ type appartiennent à des monnaies d'Orode III, Orode IV, qui ne font 1s partie de la trouvaille de 1900.

Types d'Artémis au buste de face. — Le buste de face de ce type présente des difficultés attribution sérieuses et ce n'est pas sans quelque hésitation que je l'attribue à Artémis : à défaut certitude dans l'attribution, encore convient-il de préciser autant que possible la description.

On peut y distinguer trois variétés :

1ʳᵉ *variété* : Buste de face, les traits de la figure toujours indistincts, sur le front une boule 1tre deux cornes (?), de chaque côté de la tête une touffe de cheveux plus ou moins grosse, 1tourée par un quart de cercle garni de rayons extérieurs, généralement au nombre de quatre ; le 1ste est drapé ; au-dessus de l'épaule droite, sur les exemplaires bien conservés, on voit un trait lique qui pourrait bien représenter le carquois d'Artémis.

Pl. XII, 73, avec la légende URUD MaLKA BaRI URUD MaLKA. — Orode II.

Pl. XII, 74-81, et pl. XIV, 145, avec la légende KUMeŠKIR URUD MaLKA. — Orode II.

2ᵉ *variété* : Même buste de face, mais sans la boule sur le front et sans le carquois, les touffes térales de cheveux sont peu distinctes et peuvent être confondues avec des ornements ; elles sont 1tourées de trois ou quatre rayons terminés en pointe.

Pl. XI, 41-43 et 48-60. Buste avec tiare et légende URUD MaLKA BaRI URUD. — rode II.

Pl. XII, 82-88. Buste sans tiare, même légende. — Orode II.

3ᵉ *variété* : Même buste de face, mais d'un module plus grand : la tête paraît ceinte d'un diadème relevé en son milieu ; de chaque côté du front deux cornes, sur le sommet de la tête un objet qui peut être un calathos ou un cimier ; les touffes latérales de cheveux sont encore moins distinctes que précédemment et l'on pourrait les prendre pour un ornement dépendant de la coiffure et se terminant par trois pointes garnies de boules.

Pl. XI, 61, 62
Pl. XIV, 147-149 } buste de face avec tiare, légende corrompue. — Orode II.

Malgré les divergences qu'offrent ces trois variétés, il semble bien qu'elles ne constituent qu'un type unique et qu'elles représentent une seule et même divinité.

Quelle est-elle ? Mithra, Athéné ou Artémis ?

Il y a certainement quelques affinités entre le type que nous venons de décrire et le Mithra avec nimbe radié qui figure sur les monnaies indo-bactriennes de Kanishka et d'Huviskha ; on pourrait aussi voir dans le buste de face, et principalement dans celui de la 3ᵉ variété, une Athéné casquée avec cimier et aigrettes ; mais nous pensons qu'il n'est pas non plus sans rapport avec les types d'Artémis si fréquents sur nos monnaies et nous croyons devoir l'attribuer à cette déesse plutôt qu'à Athéné ou à Mithra. Pour ce dernier, en particulier, les auteurs ne mentionnent pas qu'il ait eu, comme Anaïtis, des statues en Susiane à l'époque achéménide et rien ne nous permet d'affirmer qu'il en eût davantage au temps d'Orode

Types de la Fortune. — TYPE 1 : Buste de femme à gauche avec collier de perles, coiffée du calathos ; derrière elle une corne d'abondance.

Pl. XIV, 140, anépigraphe, très barbare. — Orode I.

TYPE 2 : Même buste à droite.

Pl. XIV, 141, anépigraphe, très barbare. — Orode I.

Ces deux types paraissent être des imitations barbares d'un type monétaire parthe ; la Tyché qui y figure ressemble à celle des tétradrachmes d'Orode et de Phraate IV, peut-être est-ce encore une Artémis.

La trouvaille de 1900 ne comprenait pas de pièces au type de la Fortune ; il est incontestable, néanmoins, qu'elles doivent être classées au règne d'Orode I en raison du type de l'avers, buste de profil avec tiare ornée d'un ancre, lequel est spécial à ce souverain.

Types de Pallas-Athéné. — TYPE 1 : Pallas-Athéné regardant à gauche, appuyée de la main droite sur une longue haste et de la main gauche sur un bouclier qui repose à terre.

Pl. XIV, 183-185. — Vologèse II (?).

TYPE 2 : Même déesse regardant à droite.

Pl. XIV, 186. — Vologèse II (?).

Il existait des sanctuaires d'Athéné en Babylonie et en Susiane, et, par conséquent, des statues de la déesse ; notre type en est-il la copie ou bien n'est-il qu'une imitation du type de Pallas fréquent sur les monnaies romaines ? Ce qui est particulièrement intéressant à noter c'est qu'il

on apparition dans la numismatique parthe à l'époque de Vologèse II ; c'est là un fait sur
el nous insisterons en traitant des attributions.

Deuxième catégorie. — *Type du buste de la reine.* — Sur des monnaies d'Orode III,
XIV, 162-168, nous trouvons, au revers, un buste de femme à gauche, avec une longue
e de cheveux tombant sur les épaules ; cette effigie qui diffère entièrement de celles d'Ar-
s, est accompagnée d'une légende un peu incertaine qui semble devoir se lire ULFAN.
s supposons que nous avons là le portrait de la femme d'Orode III.

Troisième catégorie. — *Type dégénéré de l'effigie du grand roi Kamnaskirès.* — Traits
rmes variées placés irrégulièrement dans le champ.
Nous avons figuré, pl. XIV, 139, une monnaie de bronze de grand module, qui n'appartient
à la trouvaille de 1900, mais qui est de nature à expliquer les revers indistincts des monnaies
même roi qui s'y sont rencontrées, pl. X, 1-16. Elle présente des débris de l'effigie du grand
Kamnaskirès qui figure au revers du beau tétradrachme du Cabinet de France, que nous
ns publié, dans notre étude sur la dynastie Kamnaskirès(1) ; la légende est, comme l'effigie,
rement altérée. Sur les pièces de petit module, pl. X, 1-16, le revers ne présente plus que des
s semés dans le champ d'une façon tout à fait irrégulière, dans lesquels on retrouve quel-
ois des vestiges de lettres. Nous remarquons des revers analogues dans les pièces de grand
ule, pl. XII, 70-72 et les pièces de petit module, pl. XII, 90-102, pl. XIII, 103-115. Ces
x catégories de monnaies ont l'une et l'autre, à l'avers, le buste du roi de face sans tiare, dans
el nous voyons Orode II.
Il est souvent difficile, sinon impossible, de distinguer cette catégorie de revers de ceux qui
entent une série de points allongés, leur origine est pourtant absolument différente ; les points
ngés ne sont autre chose que des feuilles et le prototype qui a donné naissance au revers
semis de points tel que le grand module, pl. X, 17, est la pièce d'Orode I, pl. X, 31, qui pré-
e au revers une ancre entourée d'une couronne de laurier ; l'ancre d'abord au milieu de la
e, s'est déplacée et a fini par disparaître, ne laissant que les feuilles, dont la forme plus ou
ns altérée peut, dans bien des cas, être confondue avec celle des traits irréguliers provenant
altération du revers du grand roi Kamnaskirès ; toutefois la distinction reste assez nette dans
ajeure partie des pièces de Kamnaskirès, et dans quelques-unes d'Orode II, pl. XII, 94, 101,
; pl. XIII, 108, où l'on ne peut méconnaître des vestiges de légende ou d'effigie. Mais que
ser des 99, 104, 114 et du 113 avec ses quatre fuseaux verticaux surmontés d'un fuseau
izontal ? Y a-t-il là des feuilles allongées ou des traits ? Que dire surtout du 103, où par
singulière fantaisie, le graveur dessine une série de clous absolument analogues à ceux de
riture cunéiforme, qui, on le sait, était encore en usage à l'époque parthe ?

(1) Allotte de la Fuye, *La dynastie des Kamnaskirès*, pl. V, fig. 4. *Revue de num.*, 1902.

Quatrième catégorie. — *Types divers.* — 1. Ancre entourée d'une couronne de laurier. — Ce type, qui par son avers, buste de profil du roi, coiffé de la tiare ornée de l'ancre, appartient au règne d'Orode Ier, a une importance capitale; nous y voyons figurer l'ancre, non plus seulement comme symbole accessoire, mais comme type principal, rehaussé par la couronne de laurier qui l'entoure. Si l'on se rappelle que ce même symbole d'origine séleucide figure sur les monnaies des Kamnaskirès souverains de l'Élymaïde, qui devait comprendre le territoire de l Susiane achéménide avec Suse pour capitale, et que cette même Suse avait reçu le nom d Séleucie, il est assez séduisant de supposer que l'ancre, si persistante dans la numismatique d l'Élymaïde, était devenue le symbole de cette contrée ou tout au moins de Suse; l'ancre avec l couronne de laurier ferait une allusion directe à la conquête de l'Élymaïde. Il est impossible d'ailleurs, de ne pas mentionner que, vers l'époque où Orode I de Susiane émettait cette monnai où le symbole de l'ancre n'est pas répété moins de trois fois, on voit apparaître ce même sym bole sur les drachmes d'Orode I, roi des Parthes.

Les monnaies au revers de l'ancre occupent une place importante dans la numismatiqu d'Orode I de Susiane; sur un ou deux exemplaires seulement de la trouvaille de 1900, pl. X, 31 32, la couronne de laurier est distincte; le plus souvent l'ancre est irrégulièrement placée, e de la couronne il ne subsiste que des feuilles, quelquefois même l'ancre disparaît. Mais on peu affirmer que tous les revers d'Orode avec semis régulier de points allongés sont dérivés du proto type dn n° 31. Ce revers, parvenu à ce point de dégénérescence où l'ancre est supprimée, a d'ail leurs été adopté par Phraate, pl. XIII, 132-136 et par Orode II; mais, pour ce dernier, il es souvent difficile de distinguer les revers qui dérivent du type de l'ancre de ceux qui proviennen d'une altération de l'effigie du grand roi Kamnaskirès.

En somme ces deux types de revers, souvent confondus, sont en majorité dans la trouvaill de 1900, car, sur un total de 583 pièces on les rencontre sur plus de 300 exemplaires.

2. Type des palmes. — Sur quelques pièces de Phraate, pl. XIII, 129-131, les feuilles parais sent groupées de manière à former trois ou deux palmes; ce n'est peut-être qu'une variante d la couronne de laurier.

3. Type des croissants. — 1re variété: Un croissant au centre entouré de 5 croissants, plu sieurs croissants à la périphérie, pl. XIII, 128, Phraate de profil; sur un exemplaire de ma col lection, la disposition régulière des croissants est plus distincte; l'avers présente un buste de fac avec tiare, bien que la tiare ne semble pas ornée de croissants; j'attribue la pièce à Phraate.

2e variété: Quatre croissants disposés circulairement et adossés à l'avers, buste de face ave tiare, Phraate; non reproduit, ma collection.

3e variété: Croissants disposés en trois lignes parallèles — à l'avers, buste de face avec tiare. Phraate.

4. Type de l'ancre accostée de deux croissants ponctués, le tout dans un diadème. — C type rappelle celui de l'ancre dans une couronne de laurier, je crois que l'on a ici plutôt un dia dème ou une couronne d'or qu'une couronne de laurier; le type se trouve sur quatre exemplaires

premier, pl. XIV, 153 dont l'avers est fort indistinct est attribué à un inconnu X..., les
is autres, pl. XIV, 154, 155, 156, dubitativement à Orode II ; le diadème n'est pas identique
· ces quatre pièces ; sur la première on peut voir des feuilles emboîtées les unes dans les autres ;
'le dernier, il y a nettement un cercle rigide sur lequel s'enroule une torsade.

5. Type du double diadème accosté de deux croissants ponctués. — En traitant des types
l'avers et des particularités de la coiffure d'Orode II, j'ai déjà montré quel intérêt présente
te représentation complète du diadème des rois de Susiane. Ce type se rencontre sur des mon-
ies au buste de face, avec tiare à double croissant, pl. XIV, 152, qui reviennent sans hési-
ion à Phraate, et sur des monnaies au buste de face, avec tiare sans croissants, pl. XIV, 144 ;
. indiqué en traitant des types de l'avers pour quelles raisons je les attribue à Orode I, plutôt
'à Orode II.

6. Type de l'aigle. — 1ʳᵉ variété : Aigle à gauche tenant un diadème dans son bec, pl. XIV,
2, Orode I.

2ᵉ variété : Aigle à droite tenant un diadème dans son bec, pl. XIV, 143, Orode I.

3ᵉ variété : Aigle, les ailes éployées, regardant à gauche, pl. XIV, 151, Phraate.

4ᵉ variété : Aigle, les ailes éployées, regardant à gauche, croissants au pourtour, pl. XIV,
ɔ, Phraate.

Ces types ne sont pas étrangers à la numismatique parthe, l'aigle se trouve sur les mon-
ies d'Orode et de Phraate IV. Nous avons attribué, comme d'ordinaire, les monnaies au buste
face, avec tiare à double croissant, à Phraate ; les monnaies au buste de face, avec tiare sans
ɔissants, ont été données à Orode I, pour les raisons qui lui ont fait attribuer celles au revers du
ɪdème.

III. — Symboles.

Deux symboles sont particulièrement fréquents sur les monnaies de l'Élymaïde, ce sont :
1° Le croissant accompagné d'un astre ou d'un point.
2° L'ancre.
Ils se trouvent réunis à gauche du buste du roi sur toutes les pièces de la trouvaille de 1900,
une seule exception près, relative à la pièce unique, pl. XIII, 138 ; l'astre, sauf sur les pièces de
and module, y est toujours réduit à un point.
Sur les monnaies 153 à 186 de la planche XIV, que je regarde comme postérieures, rarement
s deux symboles sont réunis sur l'avers de la pièce ; le plus souvent l'un ou l'autre seulement
gure sur l'une des faces de la pièce, quelquefois l'astre ou le point est assez éloigné du croissant,
ɪ bien le croissant paraît seul.
Le tableau ci-dessous indique la répartition des symboles pour les pièces 153 à 186 ; à l'ex-
ession « croissant ponctué » que nous avons adoptée pour désigner le symbole dans lequel le

point touche le croissant, nous substituons les expressions, « croissant avec astre » ou « avec point », lorsque les deux éléments du symbole sont séparés.

AVERS	REVERS
153-156. »	ancre accostée de deux croissants surmontés d'un point, le tout dans un diadème.
157-160. »	à droite, ancre.
161 à gauche, croissant surmonté d'un astre	à droite, ancre.
162-166. »	»
167-168 à gauche, ancre.	»
169-170 à droite, ancre.	à droite, ancre.
171 »	»
172-175. »	à droite, croissant.
176-178 à droite, ancre(1).	à gauche, croissant.
179-182 à droite, ancre, croissant avec astre	»
183-186 à droite, ancre et croissant ponctué.	»

Quelles sont l'origine et la signification de ces symboles ?

1. — SYMBOLE DU CROISSANT ACCOMPAGNÉ D'UN ASTRE OU D'UN POINT. — Le croissant et l'astre sont quelquefois séparés, le plus souvent ils sont réunis et semblent constituer un symbole unique. Drouin, qui s'en est particulièrement occupé, s'est rangé à l'opinion de ceux qui y voient la conjonction de la Lune et de Vénus, emblème de bonheur et de prospérité : c'est en raison des présages heureux qu'on y attachait qu'il aurait joui d'une si grande vogue en Perse et dans les pays voisins. Le même auteur indique qu'il apparaît pour la première fois sur les monnaies du roi parthe Phraate IV, qu'il est imité par les dynastes presque contemporains de la Perside, et reparaît plus tard, plusieurs fois répété, sur les monnaies sassanides de Péroze et de ses successeurs.

Très certainement son origine est beaucoup plus ancienne ; en numismatique, on le trouve sur les monnaies des rois de Pont à partir de Mithridate II, 240-190 avant Jésus-Christ, c'est-à-dire à une époque bien antérieure à Phraate IV : celui-ci n'est pas d'ailleurs le premier souverain arsacide qui l'ait adopté, car son père Orode I l'avait déjà fait figurer sur ses monnaies. Il est possible qu'à une certaine époque, ce symbole ait représenté la conjonction de la Lune et de Vénus, mais il parait peu probable que ce soit là sa signification originelle. Eckhel (2) constate que chez les rois de Pont c'est un véritable symbole dynastique, qui figure constamment sur leurs monnaies et qui n'est pas omis sur les tétradrachmes athéniens qui portent le nom de Mithridate VI. Cet illustre numismate y voit simplement le Soleil et la Lune ; ces divinités primordiales des Perses devaient être en grand honneur chez des souverains qui se vantaient de descendre des Achéménides. C'est vraisemblablement parce qu'ils avaient la même prétention,

(1) L'ancre qui n'est pas visible sur les pièces figurées, se voit nettement sur un exemplaire de la collection Poétwricz dont l'empreinte m'a été communiquée obligeamment.
(2) Eckhel, *Doctrina numorum*, II, p. 364.

e les Arsacides placent le même symbole sur leurs monnaies. Accidentellement, il apparaît
ns la numismatique romaine d'Auguste, comme type principal de revers d'un denier émis par
monétaire Pétronius Turpilianus, en l'année 20 (avant Jésus-Christ); mais, si l'on remarque
e le même monétaire frappe des deniers avec la légende SIGNIS RECEPTIS, qui fait allusion
a remise des enseignes romaines faite par Phraate IV, l'on doit penser avec M. Babelon (1) et
rghesi que ce symbole rappelle le titre de *particeps siderum, frater solis et lunæ,* que se donnait
roi des Parthes. En somme c'est toujours le symbole perse, tel qu'il figure parfois sur les
nbes achéménides; mais, bien certainement, les souverains achéménides l'avaient emprunté
x-mêmes à Babylone ou à Suse.

On voit souvent sur les cylindres babyloniens un croissant surmonté d'un disque : au milieu
celui-ci est un astre à quatre branches entre lesquelles s'intercalent des rayons figurés par plu-
urs lignes sinueuses ; plus souvent encore, particulièrement sur les monuments appelés Kou-
urrous, le croissant est accompagné de deux astres dont l'un est semblable au disque radié que
us avons décrit ci-dessus et dont l'autre a l'aspect d'une étoile, ordinairement à huit branches.
est impossible de méconnaitre dans cette réunion de trois astres la triade sidérale de Babylone,
n, Shamas, Ishtar, la Lune, le Soleil et Vénus ; quant au premier symbole composé du crois-
nt et du disque radié, ce serait la lune et le soleil.

Sur les drachmes arsacides d'Orode Ier et de Phraate IV, on trouve, comme en Babylonie,
plus grande variété de symboles sidéraux : tantôt le croissant lunaire est seul ; d'autres fois il
t accompagné d'un astre unique placé soit au-dessus de lui, soit en face de l'autre côté de la
te du roi ; enfin il se trouve souvent réuni à deux autres astres qui composent avec lui la triade
abylonienne.

En résumé, nous croyons pouvoir, sur cette question si complexe de l'origine et de la trans-
ission de ces symboles, nous arrêter aux conclusions suivantes :

1° L'origine primitive babylonienne est incontestable.

2° Vraisemblablement, c'est à l'époque de Cyrus, après la prise de Babylone, que le crois-
ant accompagné de l'astre devient le symbole achéménide.

3° Ce symbole est resté en honneur, comme symbole religieux et dynastique en Perse et
ans la contrée encore mal définie où régnèrent les Kamnaskirès, car il apparaît sur les monnaies
e ces derniers avant de figurer sur celles des Arsacides ; vers la même époque et même anté-
ieurement, il est adopté par les rois de Pont pour rappeler leur origine achéménide.

4° L'adoption du même symbole par les Arsacides a été plus tardive, car il ne se montre sur
urs monnaies qu'à l'époque d'Orode, et il est à remarquer qu'il y paraît moins net que sur les
nonnaies de Mithridate et des Kamnaskirès et que, souvent, il y est confondu avec la triade sidérale
abylonienne. Si l'on rapproche de cette dernière particularité l'époque de l'apparition des
ymboles sidéraux dans le monnayage arsacide, époque qui est très voisine de celle de la con-

____

(1) Babelon, *Monnaies de la république romaine,* II, p. 294.

quête de la Babylonie et de la Susiane par les Parthes, on est amené à voir, dans l'adoption de ce genre de symboles, l'effet direct d'une influence babylonienne ou susienne récente plutô qu'un souvenir lointain de l'époque achéménide.

2. — Symbole de l'ancre. — Le symbole de l'ancre est plus fréquent encore que le symbole achéménide sur les monnaies de l'Élymaïde; nous croyons qu'il ne faut pas hésiter à y reconnaître l'emblème dynastique des Séleucides. En traitant des types de revers, j'ai fait remarquer que ce symbole existe déjà sur les monnaies des Kamnaskirès antérieurs à Orode; ceux-ci l'ont-ils adopté, comme le fit Antiochus de Commagène, pour rappeler une alliance avec la famille des Séleucides, ou bien l'ancre est-elle devenue un symbole spécial à la Susiane en raison des souvenirs qu'y avait laissés Séleucus et faut-il même la considérer comme le signe distinctif de la ville de Suse (1), à laquelle ce monarque avait donné son nom ? Je croirais volontiers que c'est l'une des deux dernières hypothèses qui doit être acceptée de préférence.

Une monnaie bien remarquable, qui me semble corroborer cette opinion, est celle d'Orode Ier qui présente, au revers, l'ancre au milieu d'une couronne de laurier (Pl. X, 31), et qui ferait ainsi une allusion directe à la conquête de la Susiane par ce prince; l'ancre qui figure sur les drachmes arsacides d'Orode, sur la fin de son règne, a vraisemblablement la même signification ; si toutefois on ne doit y voir une allusion à l'alliance d'Orode avec une princesse séleucide.

La réunion sur les monnaies de l'Élymaïde des deux symboles, séleucide et achéménide, se constate déjà sur les monnaies des derniers Kamnaskirès et peut rappeler que ces souverains régnaient sur des contrées qui ont appartenu successivement aux Achéménides et aux Séleucides ; il serait présomptueux, d'ailleurs, de chercher à préciser davantage, tant qu'on ne connaîtra pas mieux l'histoire des Kamnaskirès et les limites de leur domination.

Le seul point sur lequel il soit nécessaire d'insister parce qu'il constitue un fait positif, c'est que l'ancre, qui se voit presque sans exception sur toutes nos monnaies, n'existe jamais sur les monnaies de la Perside, tandis que le symbole achéménide y paraît souvent ; cette simple remarque suffit pour indiquer que les deux catégories de monnaies sont bien distinctes et que celles que nous décrivons n'appartiennent pas à la Perside, comme le voulait Mortdmann.

3. — Symbole indéterminé α. — Sur quelques-unes des monnaies du type Bb attribuées à Orode II, on voit quelquefois dans le champ, entre l'ancre et le buste, un symbole assez indistinct; il est visible particulièrement sur la pièce de grand module dessinée ci-après, fig. 328; en regardant

---

(1) En examinant un lot de tétradrachmes d'Antiochus III, qui ont été trouvés à Suse, j'en ai remarqué un qui porte un symbole qui me paraît composé de deux ancres tracées en sens inverse et se recroisant. Serait-ce un symbole de Suse?

attention, on le retrouve avec quelques variantes de forme sur un certain nombre de pièces
etit module 90, 91, 92, 98, pl. XII ; sur le n° 92 ainsi que sur d'autres
nplaires non photographiés, il semble qu'on puisse y retrouver quelque
ogramme en écriture pehlvie ou araméenne : nous reproduisons ci-
re trois formes, choisies parmi les plus distinctes de ce symbole énigma-
e que nous désignerons sous le nom de symbole α. La forme 1 se trouve
la pièce de grand module, figure 331, n°9 ; la forme 2 sur une pièce non
ographiée inventoriée sous le n° 38 d'Orode II, dans la description détaillée ; la forme 3 sur la
e 92, pl. XII, n° 42 de la description détaillée.

Fig. 328.

§ 2. — ÉTUDE DES LÉGENDES

I. — Monnaies a légendes grecques.

Elles sont écrites en caractères cursifs, plus ou moins barbares, dont quelques-uns rappel-
les formes araméennes ; les légendes sont directes ou rétrogrades, les lettres y occupent les
itions les plus diverses, tournées tantôt vers le centre, tantôt vers la périphérie de la monnaie,
lquefois couchées ; notons en particulier les formes qu'affectent l'*epsilon*, le *sigma*
et celles de l'*alpha* dont quelques-unes sont très analogues à un *omicron*.
Malgré les formes difficiles de cette écriture cursive, Mordtmann y a reconnu les légendes
de roi, Phraate roi, qui sont incontestables.
Quelques rares pièces qui sont restées inconnues à Mordtmann, portent des légendes grec-
s dont les lectures sont encore incertaines ; ce sont :
1° Le n° 138 de la trouvaille de 1900, que nous donnons très dubitativement à Phraatake,
de Phraate ;
2° Deux monnaies de la collection Petrowicz qui sont attribuées à Chosroès, roi des Parthes,
is que je crois frappées en Susiane.

1. Monnaies au nom d'Orode. — Les monnaies portant le nom d'Orode sont d'un type
que, à l'avers comme au revers ; l'avers est du type Aa déjà décrit, buste de profil avec tiare
ée d'une ancre ; le revers est du 1ᵉʳ type d'Artémis de profil, il porte comme légende ΥΡΩΔΗ(1)
ΣΙΛΕΥΣ et quelquefois ΥΡΩΔΣΗ ΒΑΣΙΛΕΥΣ ; ces deux formes du nom d'Orode correspondent

(1) Sur presque toutes les monnaies, on a ΥΡΩΔΗ et non ΥΡΩΔΗΣ, il est vrai que le Σ final de ΒΑΣΙΛΕΥΣ, est
tigu au H final de ΥΡΩΔΗ et peut à la rigueur être considéré comme utilisé par les deux mots.

à deux prononciations différentes du delta, le deuxième ΔΣ est une prononciation aspirée qu
est justifiée par la forme avestique HURAODHA.

2. Monnaies au nom de Phraate. — Les monnaies portant le nom de Phraate sont de deux
types : l'un Ab est à effigie de profil, l'autre Ac à effigie de face ; sur l'un et l'autre le roi porte la
tiare ornée de croissants ponctués et l'abréviation ΠΡΑ (pour ΠΡΑΑΤΗΣ) est placée dans le champ
à gauche du buste. Les revers sont très analogues et présentent le type d'Artémis avec arc et
carquois avec la légende ΠΡΑΑΤΗΣ ΒΑΣΙΑΕΥΣ ou ΦΡΑΑΤΗΣ ΒΑΣΙΑΕΥΣ, avec des variantes
analogues à celles que l'on constate dans les monnaies d'Orode.

3. Monnaies a légende incertaine attribuées a Praatake (Pl. XIII, 138) et a Chosroès
(Collection Petrowicz). — Une pièce unique dans la trouvaille de 1900 et qui ne s'est pas rencontrée dans celle qui a été décrite par Mordtmann, présente au revers le type d'Artémis des
monnaies de Phraate, accompagné d'une légende grecque barbare d'une lecture difficile. A
l'avers, le roi, de profil, porte cette coiffure toute spéciale avec touffes de cheveux arrondies sur le
sommet de la tête et sur les oreilles, que l'on trouve sur les monnaies des derniers souverains de
la Susiane (Pl. XIV, 162 et suiv.) et qui apparaît dans la numismatique parthe avec Chosroès Iᵉʳ.
L'analogie avec l'effigie de ce dernier est même assez grande pour que Longpérier, qui avait entre
les mains un exemplaire de notre pièce, l'ait attribué à ce souverain ; M. Warwick Wroth, qui a
publié le même exemplaire dans le catalogue des monnaies parthes du British Museum, s'est
montré plus réservé et l'a classé parmi les incertaines. Tout récemment, en parcourant le beau
catalogue de la collection arsacide du chevalier de Petrowicz, j'y ai constaté la présence de deux
pièces de bronze très analogues, classées aux nᵒˢ 1 et 2 d'Osroès et provenant l'une et l'autre de
l'ancienne collection Alichan.

Le catalogue donne comme lecture du nᵒ 1 ΒΑΙΑΕΥ(C) XOCPUI ; il signale, en outre, dans le
champ un C au-dessous de la lettre A du mot ΒΑΙΑΕΥ(Σ) et un O au-dessous du mot XOCPUI. La
pièce est figurée planche XXI, 12.

Le nᵒ 2 a la même effigie, mais la légende du revers est disposée différemment ; le mot
ΒΑCΙΑΕΟC, seul lisible, est placé à droite au lieu d'être à gauche comme dans le nᵒ 1.

Ces deux monnaies, dont l'analogie avec la pièce unique nᵒ 138 est incontestable, présentent
pour la discussion de l'attribution de celle-ci un intérêt bien grand. M. de Petrowicz, avec une
obligeance dont je ne saurais trop le remercier, a bien voulu me les communiquer, en sorte que
j'ai pu les examiner à loisir et en faire des empreintes : j'en donne ci-dessous des dessins (fig. 329,
nᵒˢ 3 et 4,) en regard desquels je place la pièce nᵒ 138 (n ᵒ1) et l'exemplaire du British Museum
déjà publié par Longpérier et par M. Warwick Wroth (nᵒ 2).

A la suite d'un examen attentif, je crois pouvoir faire quelques observations au sujet de la
description de la pièce figurée ci-après nᵒ 3. Le revers de cette pièce me paraît surfrappé ; la tête
couronnée, qui apparaît à la partie supérieure, n'appartient pas à Artémis mais bien à un revers

térieur, dont on voit encore quelques vestiges qui se confondent avec les lettres dans la partie
oite du champ ; cette circonstance vient encore ajouter à la difficulté de la lecture et la rend fort
uteuse ; la pièce n° 4 donne encore moins d'indications ; en sorte que les légendes de ces deux
ces n'établissent pas d'une manière certaine l'attribution à Chosroès, qui est basée surtout sur
similitude des effigies. Je reconnais, d'ailleurs, que l'analogie des effigies des deux pièces de la

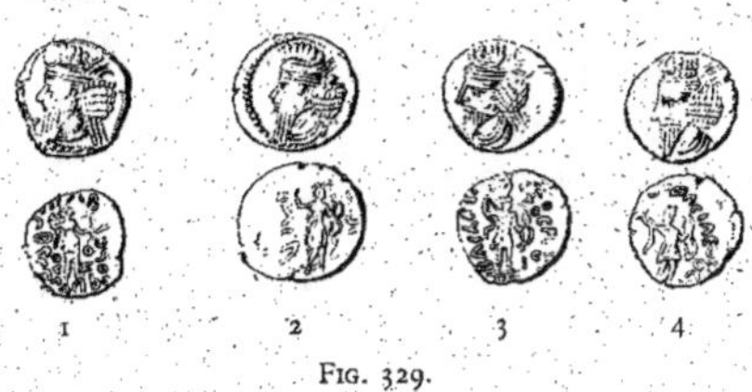

FIG. 329.

lection Petrowicz et des drachmes de Chosroès est très grande. Mais le type du revers de ces
èmes pièces étant très différent de celui des monnaies de bronze arsacides et, d'autre part, iden-
ue à celui des monnaies de l'Élymaïde, j'en conclus que Chosroès doit être placé à la suite
s rois de cette contrée. Il n'y a là rien que de très admissible, si, comme je le crois, le dernier
uverain qui est représenté sur notre planche XIV, avec une coiffure très analogue à celle de
iosroès, n'est autre qu'un des Vologèse qui a régné à une époque assez rapprochée de lui.

La pièce 138 (Pl. XIII), figurée ci-dessus n° 1, analogue à celles de la collection Petrowicz,
ir est-elle identique et appartient-elle au même souverain ? Je ne le pense pas ; l'effigie me
rait différente, le nez est plus relevé et moins long, la figure est plus courte et moins plate, le
ief plus accentué ; ces différences, quoique légères, semblent suffisantes pour mettre en garde
ntre une assimilation basée plutôt sur des analogies d'aspect général que sur l'analyse des traits.

Dans tous les cas, les légendes sont différentes, car, tandis que celles des pièces de la collec-
n Petrowicz sont en écriture directe, celle du n° 138 est en écriture rétrograde. La lecture de
tte dernière est, d'ailleurs, des plus incertaines ; on y soupçonne, dans le haut, le mot ΒΑΣΙΛΕΥΣ
us ou moins défiguré, suivi peut-être dans le champ à gauche du mot ΒΑΣΙΛΕΩΝ encore plus
éconnaissable ; les seules lettres nettement distinctes dans le nom du roi sont les lettres ΟΟϘ à
e de droite à gauche ; si on les fait précéder de la lettre placée verticalement dans le champ, qui
ut être un ΓΙ, on a la succession ΟΟϘΓΙ et si l'on se rappelle que, sur les monnaies de Phraate,
 Α sont faits à peu près comme des *omicron*, on est tenté de voir dans les quatre lettres ci-dessus
commencement d'un mot tel que ΗΤΑΑϘΓΙ ou ϡΑΤΑΑϘΓΙ, ϡΑΔΑΑϘΓΙ, ce dernier mot semble
ssible ; c'est ce qui nous a conduit à proposer très dubitativement l'attribution à Phraatake.
 lecture est certes très douteuse, et nous ne l'aurions pas proposée si nous n'y avions en quelque
rte été contraints par cette double circonstance que la pièce est unique, et par conséquent émise
r un souverain qui a peu régné, et que son revers est identique à ceux de Phraate, ce qui fait

présumer une succession immédiate des règnes. Si donc Phraate de Susiane est identique à l'arsacide Phraate IV, l'inconnu qui règne après lui, pendant peu de temps, peut bien-être Phraatake

En ce qui concerne la pièce très illisible du British Museum, n° 2 ci-dessus, l'effigie parait beaucoup plus voisine de celle du n° 138 que de celle de Chosroès ; c'est donc avec raison que M. Warwick Wroth ne l'a pas attribuée à ce souverain.

La discussion qui précède se résume comme suit :

— Les quatre pièces n°ˢ 1, 2, 3, 4 ci-dessus, bien que ne portant pas les symboles habituels, sont à classer parmi les monnaies de l'Élymaïde.

— Toutes les lectures sont incertaines.

— Provisoirement, on peut classer dubitativement les n°ˢ 1 et 2 à Phraatake, les n°ˢ 3 et 4 à Chosroès.

II. — Monnaies a légendes araméennes ou pehlvies.

Première catégorie : *Légendes Chaldéo-Pehlvies.* — Deux légendes araméennes ont servi de base au déchiffrement de Mordtmann : ce sont celles où il lit :

1° Le roi Phraate, fils d'Orode ;

2° Le roi Humithra, fils d'Orode.

Ces lectures ont été généralement adoptées, et Gutschmidt, dans son histoire de l'Iran, mentionne le roi Humithra parmi les souverains vassaux des Parthes qui ont régné en Perse ou en Élymaïde ; je propose des lectures très différentes, mais je ne voudrais pas rejeter celles de Mordtmann, sans indiquer les raisons qui m'y déterminent.

J'examinerai d'abord la première légende : Mordtmann en donne la reproduction suivante (1) :

D'après Mordtmann. . . . . אלרע כבויד רד ולרד
Rectification. . . . . . . ℥ ℥

qu'il lit : — MaLKA PeRHaD ZaK URUD — le roi Phraate fils d'Orode.

Je ferai observer, avant tout, que la reproduction donnée par Mordtmann n'est pas parfaitement exacte ; j'ai examiné plus de cinquante exemplaires de cette monnaie, soit dans la trouvaille de 1900 (Pl. XI, 41-43 et 48-60), soit dans ma propre collection, et j'ai constaté que les formes de certaines lettres y sont toujours différentes de celles de la légende ci-dessus. J'ai indiqué, au-dessous de deux des lettres fautives de cette légende, les formes qu'il faut y substituer et qui constituent un des éléments indispensables de la discussion.

Ceci posé, je fais les observations suivantes au sujet de la lecture MaLKA PeRHaD ZaK URUD :

(1) Mordtmann, *Ueber eine bisher unbekannte Varietät arsakidischer Münzen. Z. f. N.,* III B, p. 223.

1°. Dans les différents dialectes araméens de cette époque, on écrit PeRHaD MaLKA et non
ᴸLKA PeRHaD ; les monnaies à légende sémitique nous en offrent des exemples : HaReTaT
ᴸLKA MeLeK NaBaTU sur les monnaies nabatéennes ; MeTeRDaT MaLKA, ULGaSI MaLKA
ᵗ les monnaies arsacides et enfin sur les monnaies de Susiane URUD MaLKA (Pl. X, 17,
XIV, 146, 162 et suivants).

2° Mordtmann ne semble pas établir de distinction entre les deux lettres 𐡃,𐡊 ; la dernière,
ᵈns le nom indiscutable 𐡀𐡅𐡓𐡀 URUD, est un D ; Mordtmann donne la même valeur D à la
ᵗre 𐡃 dans 𐡃𐡀𐡄𐡓𐡐 PeRHaD, par contre il donne à 𐡊 une deuxième valeur K dans 𐡊𐡆 ZaK ;
ᵘn mot, il admet que les scribes employaient indifféremment 𐡃 et 𐡊 pour D et K, souvent
ᵉme, comme dans la reproduction donnée plus haut, il confond les deux lettres sous une forme
ᵢque ; l'étude de plus de cinquante spécimens m'a montré qu'elles n'étaient jamais interverties,
ᵘt au moins dans la légende que nous examinons. Si l'on remarque, en outre, que dans l'écri-
ᵗe de l'inscription chaldéo-pehlvie d'Hadji-Abad, qui présente avec celle de nos monnaies une
ᵉssemblance frappante, les D sont toujours distingués des K et des R et figurés par le signe 𐡆 qui
ᵗrait dérivé de 𐡊, on doit en conclure que, sur nos monnaies, le 𐡊 qui est bien un D, d'après
ᵉ mot incontesté URUD, n'est jamais autre chose.

3° Mordtmann fait du 𐡐 un P ; l'analogie du palmyrien, du talmudique et plus encore du
ᵃldéo-pehlvi en fait un B ; dans cette dernière écriture le P a forme caractéristique 𐡁.

4° Il voit un heth sémitique dans la succession 𐡉𐡉 du mot 𐡃𐡀𐡄𐡓𐡐 PeRHaD, tout en recon-
ᵃissant que la barre transversale qui devrait s'y trouver n'existe pas. En chaldéo-pehlvi, le heth
ᵗ toujours 𐡇 et en pehlvi-sassanide 𐡇 qui en est voisin ; la forme 𐡉𐡉 pour heth n'est
ᵃs suffisamment justifiée par le 𐡇 cursif des papyrus égypto-araméens, pour être
ᵃmise ; il faut y voir deux caractères distincts : deux I, deux U, ou bien un I et un U
ᵒnt la forme à cette époque était identique dans plusieurs idiomes sémitiques. J'ajoute
ᵉ si, dans quelques exemplaires, ces deux lettres sont identiques et peu distinctes, ce
ᵘi engage à y voir les deux jambages d'un H, comme l'a fait Mordtmann, sur d'autres il n'en
ᵗ pas de même ; en particulier, la pièce dessinée ci-contre, qui a été rapportée par M. de Morgan
ᵈson dernier voyage, est absolument concluante à cet égard et l'on ne saurait se refuser à y voir
ᵉux lettres distinctes.

Fig. 330.

5° La légende araméenne qui nous occupe se trouve sur des monnaies de deux (1) types
ᵢfférents : l'une des deux porte à l'avers un buste de face avec tiare que Mordtmann considérait
ᵒmme identique à celui des monnaies qui ont la légende grecque ΠΡΑΑΤΗΣ ΒΑΣΙΛΕΥΣ et cette
ᵒnsidération a dû l'inciter à rechercher dans la légende araméenne le nom de Phraate ; il est
ᵉrtain que, si l'identité des effigies était prouvée, ce serait un argument bien fort pour appuyer

---

(1) Pour être tout à fait exact, nous devrions dire « trois », car le type de la tiare se subdivise en deux suivant que
ᵃ tiare est avec ou sans aigrettes : la distinction entre nos monnaies et les monnaies au nom de Phraate n'en serait que
ᵖlus nette, car celles-ci n'ont jamais la tiare à aigrettes.

sa lecture ; mais il n'en est rien : les effigies sont analogues, elles ne sont pas identiques, car les monnaies à légende grecque au nom de Phraate ont toujours la tiare ornée de croissants, tandis que, sur les monnaies à légende araméenne, elle est ornée d'un simple cordon perlé. Ce détail qui a échappé à Mordtmann peut-être en raison de la conservation défectueuse des exemplaires dont il disposait, est caractéristique et suffit pour faire présumer que les deux souverains représentés sont différents.

6° Dans le désir de trouver dans la légende un rapport de filiation entre Phraate et Orode, Mordtmann admet un mot ZaK = fils, débris de l'anzanite Sakr ; il ajoute même que l'on trouve sur les monnaies, tantôt ZaK, tantôt ZaKR, et termine en disant que ce mot ZaK subsiste dans quelques dialectes modernes de la Perse. Parmi les nombreuses monnaies araméennes que j'ai examinées, aucune ne porte ZaKR suivi du mot URUD ; sur quelques-unes, en petit nombre, on pourrait lire ZaK RUD, qui ne serait qu'une légende incorrecte pour ZaK URUD ; d'autre part, d'après tous les renseignements que j'ai recueillis, l'existence du mot ZaK dans les dialectes iraniens, n'est nullement prouvée ; dans tous les cas je n'en ai trouvé aucune trace dans les dialectes du Nord de la Perse étudiés par M. de Morgan (1).

Voilà des objections bien sérieuses contre la lecture de Mordtmann ; j'en propose une très différente qui est la suivante :

ורוד מלכא ברי ורוד — URUD MaLKA BaRI URUD — *Orode roi, fils d'Orode.*

Cette lecture évite toutes les difficultés épigraphiques ; j'y ai été conduit par la comparaison de la légende avec le texte chaldéo-pehlvi des inscriptions bilingues de Nakch-i-Redjeb et d'Hadji-Abad, dans lequel on trouve toujours כרי BaRI = fils. Cette forme distingue nettement la version chaldéo-pehlvie de la version pehlvi-sassanide des mêmes inscriptions, laquelle emploie toujours BaRaH. Cette dernière forme se trouve également sur les monnaies des rois Vatafradat, Darius et Artaxercès, qui ont régné en Perse à une époque qui n'a pu encore être précisée, mais qui doit être voisine de celle qui nous occupe.

Examinons maintenant la deuxième légende araméenne ou Mordtmann a lu « le roi Humithra fils d'Orode ».

Dans ses *Weitere Beitrage zur Kenntniss der persepolitanischen Münzen* il en donne une reproduction qui, à en juger par les spécimens photographiés (Pl. XII, 74-82 et Pl. XIV, 145), doit subir plusieurs rectifications ; j'ai indiqué ci-dessous la légende de Mordtmann, et les trois rectifications qui doivent y être apportées.

D'après Mordtmann. . . .	
Rectifications.	

MaLKA HUMITRa ZaK URUD — *Le roi Humitra, fils d'Orode.*

(1) De Morgan, *Études linguistiques, langues et dialectes du Nord de la Perse*, 1904.

Je répéterai pour la lecture MaLKA HUMITRa ZaK URUD les observations déjà faites au
·t de la position du mot MaLKA et au sujet de l'hypothétique ZaK, j'y ajouterai les rectifica-
s qui sont la conséquence de celles qui ont été apportées à la forme de certaines lettres : la
ettre n'est pas un H mais bien un K ou un R, la 8ᵉ, 〽 est d'une lecture certaine, c'est un Š
déo-pehlvi et non un T sassanide, la 13ᵉ lettre semblable à la 5ᵉ est un K ou un R. La
lettre que Mordtmann lit Z est bien plutôt un U ou un I.

Les monnaies de grand module, que j'examinerai tout à l'heure, ont une effigie très certai-
ient identique à celle de la pièce que nous discutons; de plus leur légende est analogue, néan-
ns les lettres y présentent moins d'ambiguïté et le K s'y distingue nettement de R. Cette
onstance permet de substituer avec beaucoup de vraisemblance la lecture suivante à celle de
·dtmann.

כומשכיר ורוד מלכא — KUMaSKIR URUD MaLRA — *Kumaskir Orode roi.*

Le premier mot a une singulière analogie avec le nom de Kamnaskirès que nous ne connais-
s que par des légendes monétaires grecques et le texte de Lucien.

Sans insister pour le moment, sur ce point, constatons que cette légende nous fait connaître
· lettre nouvelle Š, qui, comme les lettres A, B, D, I, L, M, R, U de la légende précédente,
·apporte parfaitement à l'alphabet chaldéo-pehlvi.

A ces deux légendes nous pouvons en joindre une autre qui n'a pas été connue de Mordtmann,
ui leur est très analogue pour la forme des lettres : c'est celle de la pièce 73 (Pl. XII), unique
s la trouvaille de 1900; elle me paraît pouvoir se lire comme suit :

ורוד מל(כ)א ברי ורוד מלכא — URUD MaL(K)A BaRI URUD MaLKA — *Orode, roi, fils d'Orode roi.*

C'est une variante plus complète de la légende *Orode, roi, fils d'Orode.*

Ces trois légendes constituent une catégorie spéciale, bien caractérisée par l'homogénéité de
· écriture qui reste toujours très analogue au chaldéo-pehlvi d'Hadji-Abad et ne s'en distingue
· par quelques symptômes d'archaïsme, tels que la courbure plus prononcée de la tête des
res D, K, R. C'est ainsi que l'on y trouve des formes telles que 〽,〽,〽,〽 au lieu du
.ldéo-pehlvi 𝟕 ; mais les deux systèmes d'écriture ont en commun des points essentiels, la
·fusion de K et de R et la distinction du D.

Deuxième catégorie. — *Légendes mixtes.* — Les légendes des pièces de grand module et
·es des pièces de petit module d'époque postérieure ont entre elles, au point de vue graphique,
·aines similitudes qui permettent d'en former une 2ᵉ catégorie qui diffère de la 1ʳᵉ en ce que, à

côté de lettres chaldéo-pehlvies, on en trouve qui se rapprochent des lettres de l'écriture de monnaies persépolitaines ; quelques-unes même affectent des formes absolument spéciales.

Nous étudierons d'abord les pièces de grand module, en commençant par celles dont la légende est la plus complète : elles se trouvaient au nombre de trois dans la trouvaille de 1900 et sont figurées planche XII, 70, 71, 72. Quatre autres exemplaires, rapportés récemment de Perse par M. de Morgan, sont figurés ci-dessous :

6   7   8   9

Fig. 331.

Nous disposons donc de sept légendes, comme éléments de discussion ; en raison de leur importance capitale, nous en donnons ici des reproductions agrandies.

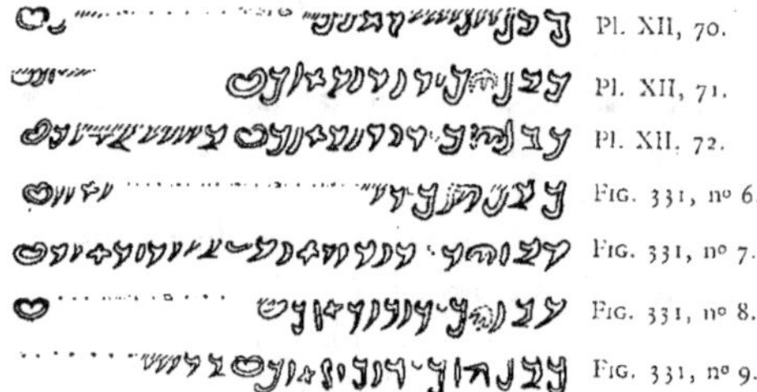

Pl. XII, 70.
Pl. XII, 71.
Pl. XII. 72.
Fig. 331, n° 6.
Fig. 331, n° 7.
Fig. 331, n° 8.
Fig. 331, n° 9.

La légende du n° 7 est à peu près complète ; si nous faisons abstraction des sept premières lettres, nous y trouvons d'une façon certaine URUD MaLKA BaR URUD MaLKA, *Orode, roi fils d'Orode roi,* et, malgré la mutilation des autres légendes, il nous est permis d'affirmer qu'elles se terminaient de la même manière.

Cette dernière partie des légendes de grand module est très analogue aux légendes de la 1re catégorie URUD MaLKA BaRI URUD et identique à celle de la pièce 73, tout au moins au point de vue du sens ; sous le rapport de la syntaxe, elle en diffère par l'emploi de BaR au lieu de BaRI. En ce qui concerne l'écriture, elle donne lieu aux observations suivantes :

1° Le A de MaLKA présente une forme nouvelle qu'on ne retrouve identiquement dans aucune autre écriture ;

2° Le M affecte généralement une forme simplifiée que l'on voit rarement dans les légendes de la 1re catégorie ;

3° Le K a souvent (Pl. XII, 70-73 et fig. 331, n°s 6, 8, 9) une forme allongée avec queue courbée (1), qui le distingue nettement de R, exceptionnellement (fig. 331, n° 7) il garde la forme banale usitée dans les légendes de 1ʳᵉ catégorie et se confond avec le R et même avec le D ;

4° Le D a rarement l'apex caractéristique qui, dans la 1ʳᵉ catégorie, le distingue de K et R ;

5° Le B a une forme ⅁ différente du Ɔ des légendes de 1ʳᵉ catégorie, mais qui n'a rien d'anormal et rappelle certaines formes du palmyrien cursif, de l'hébreu et du mandéen. Le trait accessoire, plus ou moins marqué, qui se voit à droite de la lettre à sa partie inférieure, n'a d'autre but que de la distinguer du K avec lequel elle aurait pu se confondre.

Ces observations nous permettront de déterminer d'une façon certaine la lecture d'une partie des lettres de la première partie de la légende :

La 1ʳᵉ lettre avec sa forme allongée et sa queue recourbée est un K.

La 2ᵉ est un B ; elle affecte tantôt la forme du B de BaR, que nous venons de signaler, tantôt (pl. XII, 71, 72) une forme un peu différente qui rappelle plutôt la forme ancienne de l'araméen de Teïma.

La 3ᵉ est certainement un N, voisin du chaldéo-pehlvi.

A la 4ᵉ lettre, la difficulté commence ; tantôt il y a une lettre unique, un peu indistincte 𐤄 qui rappelle beaucoup le hé des papyrus égypto-araméens et de presque tous les dialectes sémitiques postérieurs, tantôt cette lettre est suivie de très près, d'une autre lettre constituée par un jambage vertical (fig. 331, n° 9) qui peut être un I ou mieux un Z ; quelquefois même cette deuxième lettre semble former ligature avec la précédente.

Des trois dernières lettres de la première partie de la légende, la première est incontestablement un K, celle qui suit un I, et la dernière un D, ou bien plutôt un R.

En sorte que la légende complète semble devoir se lire :

כבנהזכיר ורוד מלכא בר ורוד מלכא KaBNaHZKIR URUD MaLKA BaR URUD MaLKA
כבנהכיר ורוד מלכא בר ורוד מלכא KaBNaHKIR URUD MaLKA BaR URUD MaLKA

Il est impossible de ne pas la rapprocher de :

כומשכיר ורוד מלכא KUMaŠKIR URUD MaLKA

Le U long de KUM est l'équivalent de aB dans KaB, la permutation de M en N n'a rien que de très admissible, aussi bien que le remplacement du Š par un H qui, bien souvent, dans les dialectes persans, tient la place d'une sifflante ; plus difficile peut-être est de justifier l'emploi de H suivi de Z. On serait tenté, pour rapprocher davantage encore les deux légendes, de supposer que la lettre douteuse 𐤄 a dans l'écriture de nos monnaies la valeur S ou Š et de voir dans le ∫ qui la suit un I purement étymologique et non prononcé comme est celui de ŠaHIPUHR en

____

(1) Dans certaines légendes, particulièrement dans celle du n° 17, pl. X, la queue du K se relève franchement en faisant un angle aigu avec la hampe ; on pressent déjà une tendance à la ligature, telle qu'on la retrouve plus tard dans le *Kaf* de l'écriture mandéenne.

chaldéo-pehlvi ; mais je crois qu'il est préférable de s'en tenir aux indications épigraphiques qui conduisent à regarder la lecture H ou HZ comme la plus probable.

Quoi qu'il en soit, l'identité présumée, à laquelle nous sommes amenés par des considérations purement épigraphiques, est corroborrée par l'étude des effigies.

Les sept pièces de grand module présentent identité de costume, avec certaines dissemblances dans les effigies et principalement dans le degré d'embonpoint. D'un autre côté, les types variés du grand module se retrouvent identiquement dans les pièces de petit module qui portent les légendes KUMaŠKIR URUD MaLKA, URUD MaLKA BaRI URUD, URUD MaL(K)A BaRI URUD MaLKA. La conséquence à en déduire c'est que toutes ces pièces appartiennent à un même souverain qui adopte tantôt la légende complète du grand module, tantôt une des trois légendes réduites du petit module ; nous verrons plus loin qu'une légende plus réduite encore, URUD MaLKA, sur une pièce de grand module, appartient au même souverain.

On ne pourrait échapper à la rigueur de cette conclusion, qu'en admettant qu'après Orode Ier, se sont succédés, de père en fils, plusieurs Orode adoptant tous les légendes que nous avons énumérées ; c'est là une hypothèse qui n'est pas soutenable, parce que les effigies assez variées dont il est question n'accusent pas de différences d'âge accentuées et que le bel état de conservation de toutes les pièces de la trouvaille de 1900, oblige à leur assigner une durée d'émission assez courte. C'est donc bien un souverain unique qui a émis les pièces KaBNAHKIR URUD MaLKA BaR. URUD MaLKA, KUMaSKIR URUD MaLKA, URUD MaLKA BaRI URUD (1).

Est-il besoin de faire remarquer l'analogie étroite qui existe entre les formes indigènes KaBNaHZKIR, KUMaSKIR et la forme grecque KAMNAΣKIPIIΣ ? il suffit de rappeler que les Habirdip et le Bardya des inscriptions de Suse sont devenus les Amardes et le Smerdis d'Hérodote. Nous aurions donc là une série de monnaies où le nom d'Orode est associé à celui de Kamnaskirès ; la persistance de ce dernier nom chez les souverains de l'Élymaïde peut faire supposer qu'il était devenu un titre dynastique, comme l'était chez les Parthes celui d'Arsace ; les monnaies susiennes d'Orode II avec la dénomination de Kamnaskirès Orode seraient le pendant des monnaies arsacides d'Orode Ier avec le nom d'Arsace Orode (2).

Deux autres monnaies de grand module peuvent être rangées dans la même catégorie, en raison des formes des lettres de leurs légendes, ce sont :

1° Le n° 17 (Pl. X) avec la tiare de profil ornée de l'ancre, type Aa ;

2° Le n° 146 (Pl. XIV) avec la tiare de face à aigrettes, type Ae.

En traitant des types Aa, Ae nous avons expliqué pourquoi nous attribuons la première pièce à Orode Ier, la seconde à Orode II, malgré l'identité des légendes.

Celle d'Orode Ier est la seule monnaie à légende araméenne qui soit attribuée à ce prince, elle

____

(1) Nous verrons plus loin qu'une pièce postérieure incertaine que j'ai attribuée à un inconnu X, porte une légende incomplète qui semble pouvoir se lire KUMaSKIR MaLKABaRI URUD ; elle serait peut-être attribuable à Orode III qui, comme son père Orode II, a pu prendre sur ses monnaies le titre de *Kamnaskir Orode roi, fils d'Orode*.

(2) Il existe des oboles d'Orode avec la légende ΒΑΣΙΛΕΩΣ ΒΑΣΙΛΕΩΝ ΑΡΣΑΚΟΥ ΥΡΩΔΟΥ.

st d'ailleurs unique dans la trouvaille de 1900 et je n'en connais pas d'autre exemplaire ; la
égende est la suivante :

𐎀𐎀𐎀 Pl. X, 17.

ורוד מלכא. — URUD MaLKA. — *Orode roi.*

La pièce de même légende attribuée à Orode II, reproduite planche XIV, 146, appar-
ient à la Bibliothèque nationale ; un exemplaire mal conservé, actuellement au
Iusée du Louvre, avait été trouvé à Suse par M. Dieulafoy : il a été bien lu par
1. Drouin, mais en raison de la mauvaise conservation de la pièce, on y a cru
oir à tort un buste de profil (1). Tout récemment M. de Morgan a rapporté de Perse
rois exemplaires dont l'un, à fleur de coin, est dessiné ci-contre figure 332.

FIG. 332.

Je reproduis ci-dessous trois des légendes les mieux conservées :

𐎀𐎀𐎀𐎀 Musée du Louvre.

𐎀𐎀𐎀𐎀 Pl. XIV, 146.

𐎀𐎀𐎀 Fig. 332.

𐎀𐎀𐎀𐎀

ורוד מלכא — URUD MaLKA — *Orode roi.*

Ces cinq légendes qui ont une même lecture sont intéressantes au point de vue de l'écriture.
e D présente tantôt la forme que nous considérons comme chaldéo-pehlvie et qui se trouve
onstamment sur les légendes de la 1re catégorie ; tantôt, comme sur la monnaie d'Orode Ier
Pl. X, 17), et sur celle d'Orode II du Musée du Louvre, la forme caractéristique du pehlvi-sassa-
ide qui rappelle celle d'un 3 ; quant au K il est franchement distinct du D et affecte une forme
rchaïque que l'on peut s'étonner de trouver à côté de la forme dégénérée du M.

Les légendes des pièces de petit module que nous considérons comme postérieures à celles
e la trouvaille de 1900, peuvent être rangées au point de vue graphique dans la même catégorie
ue celles des pièces de grand module ; elles se trouvent sur les monnaies suivantes figurées à
a planche XIV :
1° La monnaie très indistincte 153 attribuée à un inconnu X (2) ;
2° Les monnaies d'Orode III avec double légende ;
3° Les monnaies d'Orode IV.

(1) Dieulafoy, l'*Acropole de Suse*, fig. 321.
(2) A vrai dire, la légende de la pièce 153 est trop incomplète pour qu'on puisse la classer dans une catégorie
éterminée, ce n'est donc que par analogie avec les pièces d'Orode III supposées de même époque, que nous la rangeons
ans la 2e catégorie.

1° Monnaie attribuée a un inconnu X. — L'exemplaire figuré planche XIV, 153 laisse apercevoir, en avant du buste, des traces de légende : une seule lettre paraît certaine c'est le schin, il est présumable, d'après sa position, qu'elle était précédée par d'autres lettres ; sur un exemplaire mieux conservé, trouvé à Suse par M. Dieulafoy et déposé au Musée du Louvre, on trouve comme première lettre un K et l'on voit, derrière le buste, une fin de légende qui paraît être IURU... ; en combinant les indications données par les deux pièces, on peut conjecturer que la légende commençait par KUMaŠKIR et se terminait par BaRI URUD ; peut-être avait-elle la forme déjà connue KUMaŠKIR URUD MaLKA BARI URUD. Il n'est pas probable néanmoins qu'elle soit attribuable à Orode II, et cela pour plusieurs raisons : l'effigie est différente de celle de ce souverain, la pièce ne s'est pas rencontrée dans la trouvaille de 1900, le type du revers, tout au moins celui de la pièce 153, le seul distinct, appartient vraisemblablement à Orode III. Rien n'empêche, d'ailleurs, de conjecturer que la pièce est d'Orode III, qui a pu, comme son père Orode II, prendre sur ses monnaies le titre *Kamnaskir Orode fils d'Orode*.

Nous reproduisons ci-dessous les deux légendes fragmentaires des deux exemplaires connus de cette intéressante monnaie.

2° Monnaie d'Orode III a double légende. — Ces monnaies (Pl. XIV, 162-166) portent à l'avers la légende URUD MaLKA ; elle y affecte la forme ⟨⟩ qui varie peu d'un exemplaire à l'autre, l'écriture y est assez semblable à celle de grands modules d'Orode Ier et Orode II, mais le D y affecte plus nettement encore la forme du D des inscriptions sassanides et des monnaies persépolitaines de moyenne époque.

Au revers nous avons, autour du buste de la reine, une légende dont nous reproduisons les spécimens les mieux conservés :

        162
        164
        167 .
        165
        166

Les deux premières lettres sont un U et un L, la troisième qui a l'air d'un Δ rappelle la forme du P chaldéo-pehlvi (1). M. de Markoff a publié une monnaie du roi parthe Pacore II sur laquelle figure une lettre très analogue qu'il n'hésite pas à prendre pour un P, initiale du nom du roi. Je crois que sur nos monnaies, qui datent d'une époque assez voisine de celle de Pacore,

---

(1) Cette lettre rappelle la forme du *teth* de certaines écritures araméennes ; mais, jusqu'à présent, le *teth* n'a pas été constaté dans les écritures araméennes de la Perse, c'est pourquoi nous préférons voir un *Phé*.

oit également voir un P dans la troisième lettre ; la quatrième et la cinquième n'offrent aucune
:ulté, et la lecture la plus probable du nom de la reine paraît être :

וֹלפֿאן — ULPAN ou ULFAN

Les deux dernières légendes de la série sont incomplètes ; elles présentent des transpositions
cttres P et L qui peuvent faire supposer que ce ne sont que des altérations de la première,
juelles il n'y a pas lieu de s'arrêter.

Troisième catégorie.

Légende barbare. — Nous rangeons dans une catégorie à part les légendes d'une classe de
naies qui ont, à l'avers, le type Ad à la tiare de face, et au revers le type divin
nous avons appelé, 3ᵉ variété du buste d'Artémis de face. La légende y est
ours plus ou moins barbare et le plus souvent illisible, c'est le cas de tous les
nplaires que nous avons photographiés (Pl. XIV, 147-149, et Pl. XI, 61,
Par exception, deux monnaies de cette catégorie, récemment rapportées
M. de Morgan et dessinées ci-contre sont moins illisibles et semblent per-
re l'attribution à Orode II, fils d'Orode. Les légendes paraissent donner les lectures ci-dessous :

Fig. 333.

Nᵒ 11   URUD MaLKA BaR URUD
Nᵒ 12   URUD MaLKA BaRI URUD

Dans ces deux exemplaires le mot MaLKA est correctement écrit et présente un certain intérêt
aison de la forme du K qui diffère de la forme ordinaire. Dans les autres parties de la légende
· et le R présentent aussi des anomalies ; très certainement le lieu d'émission de cette monnaie
t pas le même que celui des autres catégories.
En résumé le monnayage de l'Élymaïde n'est pas sans présenter de sérieuses difficultés au
it de vue de l'écriture et de l'idiome employés dans les légendes. D'une part, dans une pre-
re catégorie de monnaies comprenant des pièces de petit module aux noms d'Orode Iᵉʳ et
rode II, nous constatons, sur les nombreux exemplaires connus, une écriture bien caractérisée,
it les formes essentielles se maintiennent avec une grande régularité et sont sensiblement
itiques à celles du chaldéo-pehlvi ; d'autre part, dans une deuxième catégorie, où nous réu-
sons des pièces de grand module contemporaines des précédentes et des pièces de petit module
poque postérieure, la langue et l'écriture des légendes semblent se rapprocher du pehlvi-
sanide. Nous sommes réduit à constater le fait, sans pouvoir l'expliquer ; on peut dire seule-
it que la variété dans l'écriture des légendes peut faire supposer une assez grande extension
monnayage, et l'on serait tenté de croire que les monnaies de grand module, qui se sont

trouvées en nombre infime dans la trouvaille, n'ont pas été émises au même lieu que celles de petit module. Si ces dernières, comme il est vraisemblable, ont été émises en Susiane même, celles de grand module ont bien pu l'être dans une contrée plus orientale où l'on aurait fait usage, dès cette époque, d'une écriture différant du chaldéo-pehlvi et se rapprochant de celle que nous verrons plus tard employée par les souverains de la dynastie sassanide.

Nous donnons ci-contre (fig. 334) un tableau comparatif qui permettra de saisir les rapports qui existent entre l'écriture de nos monnaies et les écritures d'origine araméenne qui s'en rapprochent.

§ 3. — DISCUSSION DES ATTRIBUTIONS

Mordtmann répartit les monnaies de l'Élymaïde entre onze souverains dont cinq inconnus; il admet que les Orode et les Phraate, dont le nom est écrit en grec et en araméen sur les monnaies, ne sont autres que les rois arsacides Orode Ier, Phraate IV, Phraatake et Orode II; entre les deux derniers il intercale un roi inconnu dans la série des Arsacides, Humithra ou Vomithra, fils d'Orode. D'autre part, d'après une idée assez généralement admise à l'époque où il écrivait, il fait également de Kamnaskirès un roi arsacide qui aurait régné de 89 à 70 avant J.-C. et, pour remplir la lacune qui existe entre son règne et celui d'Orode, il y place trois souverains qu'il suppose être aussi des grands rois arsacides.

Il pense, d'ailleurs, que les monnaies ont été émises par des gouverneurs arsacides en Perside « die in gegenwärtige Abhandlung beschriebenen Münzen sind offenbar von den Statthaltern der Arsakiden in Persis geprägt worden ». Ce monnayage se serait substitué, pendant une centaine d'années, au monnayage d'argent des souverains particuliers de la Perside; vers l'année 20 après J.-C., Darius, fils de Zaturdat, aurait secoué le joug arsacide et repris la frappe du monnayage d'argent.

Le texte de Mordtmann peut prêter à ambiguïté: quand il parle de monnaies frappées en Perse par des gouverneurs ou satrapes arsacides, veut-il insinuer que ces monnaies, qui portent le nom du grand roi, sont frappées à l'effigie du satrape? Cette hypothèse, qui pourrait être suggérée par les différences assez grandes de costume et de coiffure que l'on constate entre les effigies des monnaies de l'Élymaïde et celles des rois parthes, ne résiste pas à l'examen; car si, à la rigueur, on peut l'admettre pour les monnaies d'Orode Ier, où le buste de l'avers est anépigraphe et où le nom du roi est au revers, elle est réellement inadmissible pour les monnaies de grand module et les monnaies d'Orode III où la légende royale est placée autour de l'effigie. D'ailleurs, pour les premières monnaies de la série, celles des Kamnaskirès, il est incontestable que le nom

VALEUR	MONNAIES DE L'ÉLYMAÏDE			HADJI-ABAD		PAPYRUS ARAMÉENS	ARAMÉEN (époque perse)	MONNAIES PERSÉPOLITAINES	DRACHMES ARSACIDES	MANDÉEN	ESTRANGHÉLO
	ORODE I ET ORODE II (petit module) CHALDÉO-PEHLVIES	ORODE I ET ORODE II (grand module) et monnaies postérieures MIXTES	BARBARES	CHALDÉO-PEHLVI	PEHLVI-SASSANIDE						
a											
b											
g											
d											
h											
u											
z											
ḥ											
ṭ											
i											
k											
l											
m											
n											
s											
ʿ											
p											
ç											
q											
r											
š											
t											

Fig. 334.

s'applique bien à l'effigie. On ne peut donc hésiter qu'entre deux hypothèses : ou bien les Orode et les Phraate de l'Élymaïde sont identiques à leurs homonymes arsacides et, alors, il faut chercher à expliquer les différences de coiffure et d'effigie par des influences locales, ou bien ce sont des personnages différents.

Gutschmidt, dans son histoire de l'Iran, incline vers la deuxième opinion, en se basant sur ce simple fait que ces souverains s'intitulent seulement ΒΑΣΙΛΕΥΣ ou MaLKA, alors que les grands rois arsacides s'intitulent ΒΑΣΙΛΕΥΣ ΒΑΣΙΛΕΩΝ ; il ajoute qu'il n'est pas du tout prouvé que ces mêmes MaLKA aient régné sur la Perside ; les provenances des monnaies de Kamnaskirès le conduisent à penser à une contrée plus occidentale, vraisemblablement l'Élymaïde, qui a pu empiéter plus ou moins sur le domaine des rois de Persépolis, sans qu'il en résulte pour cela, comme le veut Mordtmann, une interruption dans la succession de ces rois et dans leur monnayage.

Les assertions de Gutschmidt méritent d'être sérieusement examinées ; nous pensons, comme lui, que les monnaies des Kamnaskirès, aussi bien que celles de leurs successeurs Orode et Phraate, nettement distinctes des monnaies persépolitaines au type du pyrée, ont été émises dans une région que nous appelons indifféremment Élymaïde ou Susiane, dans l'impossibilité où nous sommes d'en préciser les limites. On a trouvé des monnaies des Kamnaskirès à Hamadan, à Suse, à Schuster, à Chiraz, peut-être même à Bagdad ; c'est tout ce que nous savons.

Quant à la personnalité des successeurs de Kamnaskirès, il nous est difficile d'abandonner entièrement l'opinion de Mordtmann pour nous ranger à celle de Gutschmidt qui ne voit rien de commun entre eux et leurs homonymes arsacides ; il est un fait indéniable qui doit dominer toute la discussion : il est certain que nous voyons succéder en Élymaïde à une longue dynastie qui porte uniformément le nom de Kamnaskirès, des souverains qui ont des noms arsacides Orode et Phraate. D'un autre côté, les symboles séleucides et achéménides de l'ancre et du croissant ponctué, qui se voient sur les monnaies des derniers Kamnaskirès, se montrent, peu après, sur les monnaies du roi arsacide Orode Ier et, en même temps, sur les monnaies élyméennes au nom d'Orode. L'analogie ne s'arrête pas là, car non seulement les symboles accessoires sont communs aux deux catégories de monnaies, mais il en est de même des types principaux de revers, tels que l'aigle et l'ancre séleucide ; il y a là des coïncidences multiples, trop parfaites pour qu'elles soient fortuites, et l'on ne saurait nier qu'il n'existe un rapport étroit entre le premier Orode de Susiane et le roi parthe de même nom. Tout concourt à faire supposer que cette dynastie, qui substitue aux monnaies anépigraphes défigurées du dernier des Kamnaskirès, des monnaies où sont écrits en grec les noms d'Orode et de Phraate, est une dynastie orodienne.

Voilà le fait capital, incontestable.

Orode Ier, roi des Parthes et roi des rois, a-t-il régné lui-même en Susiane et y a-t-il frappé des monnaies, s'intitulant seulement roi, en tant que souverain particulier de cette contrée, ou bien a-t-il confié immédiatement la royauté de la province nouvellement conquise à son fils Orode dont nous avons des monnaies indiscutables avec la légende URUD MaLKA BaRI URUD,

Orode roi, fils d'Orode ? A en croire Gutschmidt, le fait seul que ces monnaies ne portent pas le titre de roi des rois suffit pour les faire refuser au grand roi arsacide Orode Ier. L'argument ne paraît pas péremptoire, car on connaît des drachmes arsacides à légende araméenne de Mithridate IV et de ses successeurs, où les souverains ne prennent que le titre de MaLKA, alors que leurs tétradrachmes portent celui de ΒΑΣΙΛΕΥΣ ΒΑΣΙΛΕΩΝ. Il n'y a donc nulle impossibilité à attribuer à Orode Ier les monnaies au nom d'Orode roi.

Nous lui donnons toutes les monnaies du type Aa au buste de profil à la tiare ornée de l'ancre, parmi lesquelles figurent les seules pièces qui portent la légende grecque ΥΡΩΔΗ ΒΑΣΙΛΕΥΣ, et les pièces au revers de l'ancre dans une couronne de laurier, qui me paraissent faire allusion à la conquête de l'Élymaïde ; une seule pièce à légende araméenne URUD MaLKA semble revenir à Orode Ier : c'est la pièce de grand module du type Aa.

On peut objecter à cette attribution qu'il existe des différences notables entre l'effigie avec tiare des monnaies de Susiane et l'effigie des monnaies arsacides d'Orode où il est toujours figuré la tête nue. L'objection est assez sérieuse, mais non décisive. Il existe, dans la série arsacide, avant et après Orode, plusieurs souverains qui se font représenter tantôt avec la tête nue, tantôt avec la tiare ; il n'y a donc rien de très étonnant à voir Orode agir de même. On pourrait trouver également des dissemblances dans les traits du visage, dans la longueur de la barbe ; elles existent en effet, mais elles s'atténuent singulièrement, si l'on prend pour point de comparaison les drachmes arsacides des dernières années du règne d'Orode : la barbe y est plus développée et, somme toute, il n'y a pas d'incompatibilité dans l'ensemble de la physionomie entre les deux catégories de monnaies, si toutefois l'on fait abstraction de quelques pièces absolument barbares de la série susienne qui sont sans valeur au point de vue iconographique.

Avec les pièces d'Orode Ier, nous voyons, mélangées dans la trouvaille de 1900, des monnaies au nom d'Orode, fils d'Orode et au nom de Phraate. Nous pouvons donc classer, avec une grande vraisemblance, parmi les rois de Susiane un Orode, fils d'Orode roi des Parthes, dont l'histoire ne nous avait pas conservé le nom. Quant au Phraate dont les monnaies se trouvent réunies aux siennes, faut-il voir en lui son fils ou son frère, l'Arsacide Phraate IV ? Les mêmes raisons qui portent à identifier Orode roi des Parthes avec Orode de Susiane, conduisent à croire à l'identité des deux Phraate : sur leurs monnaies, mêmes symboles et mêmes types de revers ; ajoutons que le symbole achéménide du croissant ponctué, qui est un des symboles préférés de Phraate IV sur ses drachmes arsacides, paraît avoir également une importance toute spéciale sur les monnaies de Phraate de Susiane, qui non seulement le fait figurer dans le champ de ses monnaies, mais l'arbore comme ornement principal de sa tiare.

Si, comme il est permis de le croire, Phraate IV a régné en Susiane comme son frère Orode, dans quel ordre faut-il ranger les deux frères dans la succession des rois de Susiane ? Je n'hésite pas à placer Phraate après Orode ; nous connaissons, par les tétradrachmes arsacides, l'effigie des premières années de Phraate IV, elle est presque imberbe ; toutes ses effigies des monnaies de Susiane ont, au contraire, une très forte barbe, ce qui doit faire supposer qu'il n'a

occupé le trône de Susiane que dans les dernières années de sa vie, c'est-à-dire postérieurement
à son frère.

Ce point admis, nous pouvons hasarder les hypothèses suivantes :

Orode Ier, à une date qu'il est impossible de préciser, mais qui doit être postérieure à la défaite
de Crassus (54 avant J.-C.), s'empare de l'Élymaïde et y émet des monnaies en son nom avec le
symbole séleucide, qui parait être là l'emblème de la Susiane ; c'est à ce moment vraisemblablement que le même symbole apparaît sur ses drachmes. Quelques années avant sa mort, peut-être
en même temps que Pacore son fils aîné domine en Syrie, son second fils Orode devient roi de
Susiane et y frappe des monnaies avec la légende KaBNaHZKIR URUD MaLKA BaR URUD
MaLKA, dans laquelle il accole à son nom le titre des rois de l'ancienne dynastie, tout en ayant
soin de rappeler son origine orodienne. Les autres monnaies à légende réduite, KUMaŠKIR URUD
MaLKA, URUD MaLKA BaRI URUD, URUD MALKA doivent être postérieures. Si l'on en
juge par la grande variété des types et des légendes de ses monnaies, le règne d'Orode II a été
long ; par suite de quelles circonstances Phraate IV vient-il reprendre possession du trône de
Susiane, nous ne le savons pas ; ce qu'il y a de certain c'est qu'il substitue des légendes grecques
aux légendes araméennes et que son monnayage présente un nombre de types assez restreint. Très
dubitativement nous attribuons à son fils Phraatake une monnaie à légende grecque ; son règne
en Susiane dût être éphémère, car cette monnaie était unique dans la trouvaille de 1900 et n'a
pas été signalée dans les trouvailles précédentes.

L'attribution à Phraatake est sans doute très contestable : outre l'incertitude très grande de
la légende, l'effigie avec la coiffure relevée sur la tête, diffère assez notablement de celle qui est
attribuée à ce prince sur les monnaies arsacides. Nous tenons néanmoins à faire à ce sujet quelques
observations : si l'on veut bien se reporter aux figures n° 14 (Pl. XVII ; 10, Pl. XX ; 10, 11, 12,
Pl. XXII ; 1, Pl. XXIII ; 2, Pl. XXIV) du catalogue des monnaies parthes du British-Museum,
qui représentent des drachmes d'Orode, de Phraate IV et de Phraatake, on remarque que la tête
affecte une forme en pointe très caractérisée et que le diadème n'est pas précisément sur le front
et semble entourer la partie supérieure de la chevelure, si bien que, sur quelques-unes de ces
pièces et particulièrement sur celles qui ont un caractère barbare comme le n° 1 (Pl. XXIII), la
disposition de la coiffure a la plus grande analogie avec celle qui se voit sur les monnaies de
Susiane et qui, d'ailleurs, se montre dans la série arsacide elle-même, un peu plus tard sous
Chosroès.

Nous classons ensuite un inconnu X..., puis un Orode III portant une coiffure analogue à
celle de Phraatake, auquel reviennent, de droit, les bustes de profil entourés de la légende araméenne URUD MaLKA (Pl. XIV, 162-166); nous lui ajoutons, en toute certitude, les mêmes
bustes anépigraphes 167, 168 et dubitativement, en raison d'une certaine analogie d'effigie, les
bustes de face à revers variés 154-164 (1).

____

(1) Ces bustes pourraient également être attribués à Phraatake.

Ces monnaies très abondantes dans les trouvailles précédentes, manquant complètement
s celles de 1900, doivent être classées chronologiquement après les plus récentes de cette der-
re trouvaille, c'est-à-dire après Phraatake. C'est l'opinion de Mordtmann qui attribue les
nnaies à la légende URUD MaLKA à Orode II de Susiane, qu'il considère comme identique
c Orode II qui a régné sur les Parthes après Phraatake. Joseph (1) nous apprend qu'à la
rt de celui-ci, les seigneurs de la Perse, voulant mettre sur le trône un prince de sang arsacide,
oyèrent des députés pour offrir la couronne à Orode, personnage qui appartenait à la famille
ale. Il est naturel d'admettre que cet Arsacide était précisément un des Orode de la dynastie
nant en Susiane ; ne voyons-nous pas à plusieurs reprises des souverains des contrées voisines,
qu'Artaban III et Vononés II, qui étaient rois des Mèdes, placés sur le trône des grands rois?
ypothèse de Mordtmann devient d'autant plus plausible, que nous pouvons maintenant.
blir, avec une grande vraisemblance, la filiation de cet Orode II qui est notre Orode III.

Le tableau généalogique ci-dessous précise sa position dans la famille arsacide

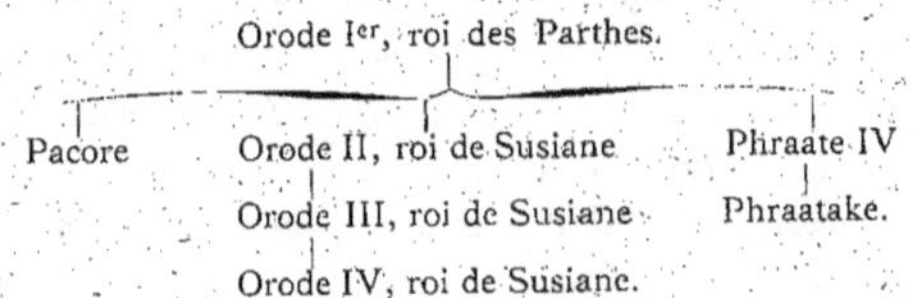

Orode III (II de Mordtmann) appartenait probablement à la branche aînée, qui n'avait pas,
mme celle de Phraate IV, adultéré le sang royal qu'il tenait de l'alliance d'Orode avec une prin-
se séleucide, par un mariage avec une vile esclave; il avait donc tous les droits possibles à
uper le trône des grands rois. Néanmoins, avant d'admettre son identité avec Orode II, roi
Parthes, il convient d'examiner si ce ne serait pas plutôt le fils d'Orode Ier lui-même, c'est-
lire notre Orode II, lequel a été inconnu à Mordtmann, qui aurait été appelé au trône des Arsa-
es. Nous avons admis pour la succession des rois de Susiane la suite, Orode Ier, Orode II,
raate IV, Phraatake, Orode III : mais, de ce que Orode II a été remplacé par Phraate IV, à la
te d'une de ces dissensions si fréquentes dans la famille des Arsacides, il ne résulte pas qu'il
t mort à cette époque. Il se peut qu'il ait cherché un refuge chez quelque peuple voisin,
mme le fit Phraate IV lors de ses démêlés avec Tiridate, et, par suite, nous pouvons le retrouver
ns le personnage auquel les seigneurs de la Perse envoient des députés à la mort de Phraatake
qui régna à Ctésiphon sous le nom d'Orode II. De cet Orode II nous connaissons l'effigie par
tétradrachme du Musée de Berlin, dont le catalogue du British Museum nous donne une
s bonne photographie : la barbe très longue, la maigreur et certains traits de la physionomie
paraissent indiquer un vieillard tel que pouvait l'être notre Orode II de Susiane. Nous pou-

(1) Joseph, *Ant. jud.*, l. XVIII, 2, 4.

vons préciser son âge à l'époque où a été frappé le tétradrachme du Musée de Berlin, daté de
ZIT, 317 Séleucide = 5 après J.-C. Nous savons que Pacore, fils aîné d'Orode Ier est mort très
jeune en 275 Séleucide = 38 avant J.-C. Si l'on admet qu'Orode II, son frère puîné, avait à cette
époque 30 ans, il aurait eu 73 ans en l'an V de l'ère chrétienne ; cet âge n'est pas incompatible
avec l'effigie du tétradrachme. Il n'y a, d'ailleurs, pas d'inconvénient à admettre qu'il soit monté
sur le trône à un âge aussi avancé ; nous avons de nombreux exemples de faits semblables dans
l'histoire des Arsacides. Si, au contraire, c'est Orode III que l'on veut identifier, il faut trouver
dans l'effigie du tétradrachme de Berlin, celle d'un homme d'une quarantaine d'années ; en supposant que cela soit possible, l'identification se heurte à une autre difficulté : d'après la variété
du monnayage d'Orode III, il faut lui assigner un règne assez long, qui ne peut trouver place
dans les quatre années qui s'écoulent entre la mort de Phraatake et celle de son successeur
Orode II.

Ces considérations fort hypothétiques, il est vrai, nous conduisent à croire que c'est Orode II,
fils d'Orode, qui a régné chez les Parthes sous le nom d'Orode II, et qu'au moment où il a pris
possession du trône des Arsacides, son fils Orode III inaugure en Susiane un règne assez long,
auquel appartiennent les monnaies à légende URUD MaLKA, au revers de la reine ULFAN.

Il est lui-même remplacé par Orode IV dont l'effigie est très analogue à la sienne et qui
frappe des monnaies à légende URUD MaLKA et des monnaies anépigraphes, les unes et les
autres au revers du buste d'Artémis de profil.

Après Orode IV, l'incertitude augmente, nous attribuons à des inconnus Y... et Z... des
monnaies dont les effigies ne diffèrent entre elles que par quelques détails de la coiffure et qui
portent au revers l'ancien type de l'Artémis chasseresse, plus barbare encore que sur les monnaies
de Phraate.

Le dernier roi représenté sur nos planches est caractérisé par le type de Pallas qui figure au
revers ; nous avons déjà signalé qu'un type semblable se voit sur des monnaies arsacides du souverain qu'avec de Longpérier nous appelons Vologèse II. Nous le trouvons sur une monnaie de
cuivre de ce prince (n° 8, Pl. XXIV du catalogue du British Museum et n° 3 Pl. XX de la collection Pétrowicz.) D'autre part, si l'on veut bien se reporter à cette dernière planche et examiner
attentivement l'effigie de Vologèse II et particulièrement celle de la drachme n° 2, on pourra y
retrouver certains caractères iconographiques de l'effigie de notre roi de Susiane figuré aux
n°s 184, 186 ; c'est le même nez long et pointu, le même prognathisme très accentué. Cette double
coïncidence de l'avers et du revers m'a conduit à supposer qu'il pouvait y avoir identité de per-
sonne, et j'ai attribué dubitativement à Vologèse II les monnaies susiennes au type de Pallas.

J'ai déjà fait remarquer à propos de la liste chronologique des souverains arsacides, mais
je tiens à le répéter, que la date de la fin du règne de Vologèse II était très douteuse et qu'on
devrait lui restituer une partie des monnaies qu'on donne d'ordinaire à Vologèse III. La planche XX
de la collection Pétrowicz est intéressante à cet égard parce qu'elle présente, réunies sur une
même page, les effigies attribuées à ces deux souverains. Je trouve, qu'abstraction faite de la

, l'effigie de la drachme n° 14 de Vologèse III est singulièrement analogue à celle de la
hme n° 2 de Vologèse II ; l'analogie se poursuit entre le tétradrachme n° 1 à tête diadémée
Vologèse II et le tétradrachme avec tiare n° 8 ; on ne me fera jamais croire que l'effigie de ce
ier tétradrachme frappé en ΘΠΤ (389 Séleucide) puisse être celle de Vologèse III, qui en
Y (459 Séleucide), c'est-à-dire 70 ans après, émettait des tétradrachmes dont l'effigie ne paraît
plus âgée. Quoi qu'il en soit c'est à Vologèse II que je crois pouvoir attribuer les dernières
maies de la planche XIV.

Ici s'arrêtait ma liste des rois de Susiane, lorsque j'ai eu connaissance des deux monnaies
Chosroès de la collection Pétrowicz dont j'ai donné des dessins (fig. 329, n°s 3 et 4). J'ai discuté
guement les raisons qui me portent à admettre, malgré l'incertitude de la légende, leur attri-
ion à Chosroès, mais à les classer à l'Élymaïde. Chosroès serait donc le dernier roi de cette
trée dont les monnaies nous soient connues. Ces pièces sont d'une fabrique bien supérieure à
e des souverains précédents et leur poids de $3^{gr},50$ est également plus fort que celui des pièces
monnaies postérieures à Orode IV qui descend souvent à $2^{gr},00$ et exceptionnellement à $1^{gr},50$
XIV, 178). D'ailleurs, les fluctuations que l'on constate dans la fabrique et le poids des mon-
es de l'Élymaïde, entre l'époque d'Orode et celle de Chosroès, n'ont rien qui doive nous sur-
ndre, car on les remarque également dans le monnayage de bronze arsacide : assez régulier
s Orode et ses premiers successeurs, il présente une dégénérescence marquée sous Gotarzès
es premiers Vologèse, et se relève d'une façon très remarquable sous Chosroès.

Cette coïncidence, ajoutée aux arguments que nous avons développés, semble prêter quelque
isemblance au classement chronologique que nous proposons.

Nous ne voulons pas nous dissimuler qu'il est susceptible de donner lieu à quelques critiques
que l'on pourrait formuler notamment les objections suivantes :

1° Les monnaies frappées en Susiane au nom d'Orode diffèrent assez notablement de celles
grand roi arsacide de même nom par les détails de la coiffure, l'effigie, l'emploi de l'écriture
méenne et la fabrique ; d'une façon générale elles se rapprocheraient davantage des monnaies
acides postérieures.

2° La même observation peut s'appliquer aux monnaies qui portent le nom de Phraate et
is encore à celles attribuées dubitativement à Phraatake, lesquelles rappellent, sous bien des
pports, les monnaies du roi parthe Chosroès.

3° Comme conséquence, les premiers successeurs de Kamnaskirès, Orode I, Orode II,
raate, n'ont rien de commun avec les grands rois homonymes arsacides et ils n'auraient régné
Susiane qu'à une époque voisine du règne de Chosroès ; les monnaies non comprises dans la
uvaille de 1900 et figurées à la planche XIV, correspondent à une période postérieure assez
gue, qui pourrait s'étendre jusque vers la fin de la dynastie arsacide.

Cette hypothèse de l'existence en Susiane d'une dynastie distincte de celle des grands rois, a
é proposée par Gutschmid et paraît assez plausible, mais elle se heurte, comme la première, à
en des difficultés ; si l'on hésite, en raison des dissemblances des effigies et de la fabrique, à

7

admettre la fusion des dynasties arsacide et susienne à l'époque d'Orode Ier, il est difficile, en présence des spécimens de la collection Pétrowicz qui sont représentés à notre figure 329 n°s 3 et 4, de méconnaître qu'elle existe sous Chosroès Ier. Le principe de la séparation des dynasties n'est donc pas aussi absolu que le pensait Gutschmid et ne saurait, par suite, être invoqué comme un argument décisif pour faire retirer à des Arsacides antérieurs le titre de roi de Susiane.

D'autre part, la barbarie du monnayage, sur laquelle on peut être tenté de s'appuyer pour faire reculer l'époque de l'émission en Susiane des monnaies d'Orode et de ses successeurs, n'est pas aussi générale qu'on pourrait le penser; notre pièce n° 70 (Pl. XII), d'Orode II, avec sa tête de trois quarts expressive et bien modelée, est d'un très beau travail qui ne rappelle nullement la basse époque de la dynastie arsacide. D'une manière générale les petites pièces présentent, à vrai dire, une certaine rudesse de travail, mais plusieurs d'entre elles, et particulièrement de celles au buste de face, ont conservé des qualités de modelé et de relief qu'on chercherait vainement dans les drachmes arsacides à partir du règne de Gotarzès. En un mot, ce monnayage de l'Élymaïde est tout à fait spécial et très différent du monnayage arsacide ; il est donc bien difficile de tirer de la comparaison des produits de l'un et de l'autre des déductions chronologiques positives. L'étude comparative des légendes araméennes ne conduit pas à des conséquences plus certaines ; les drachmes arsacides qui portent ces sortes de légendes ont été frappés vraisemblablement à Ctésiphon et nous n'avons pas de raisons suffisantes pour affirmer que l'écriture y ait suivi les mêmes phases qu'en Susiane.

Enfin les présomptions qui peuvent militer en faveur de l'hypothèse de l'existence en Susiane d'une dynastie distincte, n'infirment pas les arguments contraires basés sur les nombreuses coïncidences que nous avons signalées dans les types et les symboles des monnaies parthes et susiennes des rois homonymes Orode et Phraate.

En résumé, la numismatique de la Susiane, absolument inconnue il y a quarante ans, est encore dans la période des tâtonnements: entre deux hypothèses, l'une et l'autre discutables, nous avons adopté, comme Mordtmann et M. de Markoff, l'hypothèse qui voit dans Orode-le-Grand, le conquérant de l'Élymaïde et le fondateur de la dynastie qui a remplacé celle des Kamnaskirès et nous avons cherché péniblement à reconstituer, tant bien que mal, la liste chronologique des successeurs d'Orode en Susiane, en n'y laissant subsister qu'un petit nombre d'anonymes. Mais, qu'on ne s'y méprenne pas : ce n'est là que le développement d'une hypothèse; nous aurions dû peut-être nous montrer plus réservé et nous contenter des seuls noms indiscutables d'Orode Ier, Orode II et Phraate, rangeant tous les autres parmi les inconnus. Nous avons préféré, dans l'intérêt même des études qui nous sont chères, suivre une marche plus téméraire, en assignant des noms plus ou moins hypothétiques à la grande majorité des souverains représentés ; par ce moyen, nous leur créons une personnalité mieux définie, plus facilement discutable et nous éviterons peut-être que leurs monnaies, confondues dans les collections dans la catégorie des inconnues, ne soient exposées à disparaître. Notre classement provisoire sera certainement discuté et modifié, peut-être même bouleversé de fond en comble : les matériaux qui ont servi à l'édifier subsisteront.

Je résume dans le tableau qui suit l'ensemble du monnayage de bronze de l'Élymaïde ; pour en réduire le développement, j'ai négligé quelques variantes secondaires, en particulier celles qui concernent l'écriture des légendes grecques ; je n'ai pas distingué non plus les pièces qui ne diffèrent que par la présence du symbole α ou d'un point dans le champ, ou bien par le nombre des traverses de l'ancre ; j'ai également réuni toutes les pièces d'Orode II du type Bb qui ont comme revers des points, traits ou lettres défigurées.

Enfin j'ai employé quelques abréviations : a. c. ., a. c. +, a. c. ✳, indiquent la réunion des symboles de l'ancre et du croissant avec point ou astre, placés à droite du buste, dans la position habituelle qu'ils occupent sur toutes les pièces de la trouvaille. Les abréviations B. d., B. g., B. f. doivent se lire : Buste à droite, à gauche, de face. Toutes les pièces sauf celles qui portent l'indication G. m. = *Grand module,* sont de petit module.

Désignation sur planches		Trouvaille de 1900
	KAMNASKIRÈS IV.	
	Type Ba. — B. diadémé à gauche avec la coiffure des Kamnaskirès.	
139	T. Ba. *Gm.* . . . . a. c. + Type dégénéré du grand roi Kamnaskirès.	»
4-16	— . . . . a. c. . Traits irréguliers.	18
	ORODE Ier (ORODE Ier, ROI DES PARTHES).	
	I. Type Aa. — B. à gauche avec tiare ornée d'une ancre.	
8-30	T. Aa. . . . . a. c. . B. d. Artémis, 1er type ΥΡΩΔΗΣ ΒΑΣΙΛΕΥΣ.	102
17	— *Gm.* URUD MaLKA. . . . . a. c. . Points allongés.	1
140	— . . . . a. c. . B. g. de la fortune avec corne d'abondance.	»
141	— . . . . a. c. . B. d. — —	»
31-37	— . . . . a. c. . Ancre dans une couronne de lauriers souvent indistincte.	53
38-40	— . . . . a. c. . Points allongés.	31
	II. Type Ad. — B. de face avec tiare sans croissants, avec cordon perlé.	
142	T. Ad. . . . . a. c. . Aigle à g. tenant un diadème dans son bec.	»
143	— . . . . a. c. . Aigle à d. — —	»
144	— . . . . a. c. . Double diadème accosté de 2 croissants ponctués.	»
	ORODE II (fils d'ORODE, plus tard roi des Parthes).	
	I. Type Ae. — B. de face avec tiare sans croissants, à aigrettes.	
146	T. Ae. *Gm.* URUD MaLKA. . . . . a. c. + Points plus ou moins distincts.	»
41-43	— . . . . a. c. . B. f. Artémis, 2e var. URUD MaLKA BaRI URUD...	3
44-47	— . . . . a. c. . Points allongés.	13
	II. Type Ad. — B. de face avec tiare sans croissants.	
48-60	T. Ad. . . . . a. c. . B. f. Artémis, 2e var. URUD MaLKA BaRI URUD.	28
2, 147-149	— . . . . a. c. . — — 3e var. Même légende barbare.	2
63-69	— . . . . a. c. . Points allongés.	76

Désignation
sur
les planches.
—

III. Type Bb. — *B. diadémé de face, avec touffes latérales de cheveux.*

70-72	T. Bb. *Gm.* KaBNaHKIR URUD MaLKA BaR URUD MaLKA.	a. c. +	Points ou traits irréguliers.
»	— *Gm.* KaBNaHZKIR URUD MaLKa BaR URUD MaLKa.	a. c. +	— —
74-82, 145	—	a. c. .	B. f. Artémis, 1re var. KUMaŠKIR URUD MaLKA.
73	—	a. c. .	B. f. Artémis, 1re var. URUD MaLKA BaRI URUD MaLKA.
83-89	—	a. c. .	B. f. Artémis, 2e var. URUD MaLKA BaRI URUD.
90-116	—	a. c. .	Points ou traits irréguliers.

PHRAATE (PHRAATE IV, ROI DES PARTHES).

I. Type Ab. — *B. à gauche avec tiare ornée d'un croissant ponctué.*

125-127	T. Ab. A gauche du buste ΠΡΛ.	a. c. .	Artémis avec arc et carquois, ΠΡΛΑΤΗΣ ΒΑΣΙΛΕΥΣ.
128	—	a. c. .	Croissants adossés avec croissants au pourtour.
129-131	—	a. c. .	Trois palmes parallèles.
132-136	—	a. c. .	Points allongés.

II. Type Ac. — *B. de face avec tiare ornée de deux croissants ponctués.*

117-124	T. Ac. A gauche du buste ΠΡΛ.	a. c. .	Artémis avec arc et carquois, ΠΡΛΑΤΗΣ ΒΑΣΙΛΕΥΣ.
150	—	a. c. .	Aigle à g., ailes éployées, croissants au pourtour.
151	—	a. c. .	Aigle à d., ailes éployées.
152	—	a. c. .	Double diadème accosté de 2 croissants ponctués.

III. Type Ad. — *B. de face avec tiare sans croissants.*

»	T. Ad.	a. c. .	Croissants adossés avec croissants au pourtour.
»	—	a. c. .	Trois lignes de croissants superposés.

(?) PHRAATAKE (ROI DES PARTHES).

Type Bc. — *B. diadémé à g., barbe en pointe; touffes de cheveux sur la tête et sur la nuque.*

138	T. Bc.	» » »	Artémis avec arc et carquois. Légende grecque indistincte.

BRACTÉATE INDÉTERMINÉE.

137	Caractères indistincts dans une couronne (?), pièce très mince pesant 0gr,7.

X.

Type Bd. — *B. de face, avec légende araméenne.*

153	T. Bd.	» » »	Ancre accostée de 2 croissants dans un diadème.

ORODE III

Type Be. — *B. de face ou de trois quarts, grosses moustaches et barbiche.*

154-156	T. Be.	» » »	Ancre accostée de 2 croissants dans un diadème.
157-160	—	» » »	B. g. Artémis, 2e type, 1re var., à droite une ancre.
	— A gauche, croissant et étoile.	» » »	— — — —

Type Bf. — *B. diadémé à g., barbe courte, touffes de cheveux sur la tête et sur la nuque.*

162-166	T. Bf. URUD MaLKA.		B. g. de femme avec queue de cheveux, ULFAN.
167-168	— Ancre à gauche du buste.	» » »	— — — —

Trouvaille de 1900,

ORODE IV.

Type Bg. — *B. diadémé à g., barbe divisée en deux pointes, touffes de cheveux sur la tête.*

o	T. Bg. URUD MaLKA. Ancre à droite.. . . . . a. » »	B. g. Artémis, 2ᵉ type, 2ᵉ variété, à droite une ancre.			»
	— — Pas d'ancre.. . . . . . . » » »	— — — — — —			»
5	— Sans légende, pas d'ancre.. . . . . . . » » »	— — — — — un croissant.			»

Y.

Type Bh. — *B. diadémé à g., longue barbiche, pas de touffes de cheveux.*

8	T. Bh. Ancre à droite. . . . . a. » »	Artémis avec arc et carquois, à droite un croissant.	»

Z.

Type Bi. — *B. diadémé à g., longue barbiche, touffes de cheveux ou chignon sur la nuque.*

32	T. Bi. Ancre, croissant et étoile à droite. . . . . . a. c. ✳	Artémis avec arc et carquois.	»

(?) VOLOGÈSE (VOLOGÈSE II, ROI DES PARTHES).

Type Bj. — *B. diadémé à g., barbe en pointe, touffes de cheveux sur la tête et sur la nuque.*

35	T. Bj. . . . . a. c. .	Pallas à g. tenant une haste et un bouclier.	»
	— . . . . a. c. .	Pallas à d. —	»

CHOSROÈS (CHOSROÈS Iᵉʳ, ROI DES PARTHES).

Type Bk. — *B. diadémé à g., barbe en pointe, touffes de cheveux sur la tête et sur la nuque.*

	T. Bk (Collection Pétrowicz, pl. XXI, 12).	Artémis avec arc et carquois, ? XOCPUI ?BAIΛEY.	»

DEUXIÈME PARTIE

Description des monnaies.

Nous avons admis que, sauf quelques rares exceptions, les monnaies de la trouvaille de 1900 sont antérieures aux monnaies qui n'y ont pas été rencontrées : nous sommes conduit, par suite, à établir les deux catégories distinctes suivantes :

I. Monnaies de la trouvaille de 1900 et monnaies non comprises dans cette trouvaille supposées contemporaines.

II. Monnaies postérieures à celles de la trouvaille de 1900.

Pour les monnaies de la trouvaille de 1900, nous distinguerons, autant que possible, les plus légères variétés et nous indiquerons le nombre d'exemplaires de chacune d'elles ; pour les pièces à légende araméenne qui présentent un intérêt spécial, nous reproduirons à la suite des légendes des monnaies de la trouvaille, les légendes les mieux conservées des monnaies de notre propre collection.

Pour les monnaies postérieures qui, à quelques exceptions près, appartiennent à notre collection, nous entrerons dans moins de détails, nous bornant à décrire les variétés principales et les légendes les plus intéressantes sans indiquer, pour chaque variété, le nombre des exemplaires. Les monnais de cette catégorie se trouvent actuellement dispersées dans les collections publiques ou particulières ; pour en connaître le nombre il faudrait procéder à un récolement minutieux qui pourra être entrepris ultérieurement et sera facilité par les reproductions photographiques de notre planche XIV.

. — Monnaies de la trouvaille de 1900 et monnaies non comprises dans cette trouvaille supposées contemporaines.

Nota. — Toutes les monnaies de cette catégorie, sauf la pièce 138, pl. XIII ont dans le champ, à droite du buste, une ncre et un croissant surmonté d'un astre ou d'un point; l'ancre peut avoir à sa partie supérieure une ou deux traverses, ans le premier cas nous mettrons le mot *ancre* sans autre indication, dans le second nous le ferons suivre du signe (==).

Le nombre des exemplaires de chaque variété faisant partie de la trouvaille de 1900, est indiqué dans la dernière, olonne; les pièces pour lesquelles aucune mention n'est portee dans cette colonne appartiennent à notre collection, à eu d'exceptions près.

Désignation sur les planches.			Trouvaille de 1900.
		KAMNASKIRÈS.	
		Type Ba. — *B. diadémé à gauche avec la coiffure des Kamnaskirès.*	
139	1	Buste barbu à gauche, avec manteau, collier en spirale et boucles d'oreilles; les cheveux forment une couronne sur le front et tout autour de la tête, en arrière ils retombent en chignon sur la nuque; le diadème entoure la tête au-dessus de la couronne de cheveux, ses extrémités pendent sur le dos; à droite, ancre et croissant avec astre.	
		Rⱽ. Vestiges de l'effigie du grand roi Kamnaskirès et de la légende grecque. Grand module.	
		P. 15ᵍʳ,70	
1-16	2	Même droit, sauf que l'astre au-dessus du croissant est réduit à un point; les traits du visage, l'âge, le style et la fabrique sont très variables suivant les exemplaires; les nᵒˢ 1, 2, Pl. X sont de bon style.	
		Rⱽ. Traits irréguliers, dégénérescence du revers précédent. P. 2ᵍʳ,80 à 4ᵍʳ,10	18
		Total des monnaies de Kamnaskirès comprises dans la trouvaille. . . .	18
		Orode Iᵉʳ.	
		Type Aa. — *B. à gauche avec tiare ornée d'une ancre.*	
		1. *Avec légende grecque.*	
18-22	1	Buste barbu à gauche avec tiare diadémée ornée d'une ancre; à droite dans le champ, ancre et croissant ponctué.	
		Rⱽ. Buste à droite d'Artémis avec collier et pendants d'oreilles; la tête est entourée de rayons, surmontée du calathos et ornée d'un diadème élevé; autour du buste, une légende en grec cursif, présentant la disposition suivante (α):	
		(α) à gauche: YPⱷΔH ou YPⱷ∇H } Orode roi. à droite: BACIΛEYK	
		Les lettres initiales Y et B sont au bas de la légende. P. 3ᵍʳ,40 à 4ᵍʳ,20	74
		A reporter.	74

Désignation sur les planches.			Trouvaille de 1900.
		Report.	74
23	2	Même droit et même revers, sauf la légende (β) qui porte **BACIACIAEYK** au lieu de **BACIAEYK**. P. 3gr,60	1
30	3	Même droit et même revers, sauf la légende (γ) :	
		(γ) à gauche : **YPΩΔ**... / à droite : rétrograde **BACIAEYK** } Orode roi,	
		Les lettres initiales **B** et **Y** sont au bas de la légende. P. 3gr,50	1
27	4	Même droit et même revers, sauf la légende (δ) :	
		(δ) à gauche : rétrograde **BAKIAEYK** ou **BACIAEYK** / à droite : rétrograde **YPΩ ΔH** } Orode roi.	
		Les lettres initiales **B** et **Y** sont au bas de la légende. P. 3gr,50	4
28	5	Même droit et même revers, sauf la légende (ε) :	
		(ε) à gauche : rétrograde **BAKIAYEC** / à droite : rétrograde **YPΩΔHK** } Orode roi.	
		Les lettres initiales **B** et **Y** sont au bas de la légende. P. 3gr,30	1
24-26	6	Même droit et même revers, sauf la légende (ζ) :	
		(ζ) à gauche : rétrograde **BAKIAEYK** ou **BACIAEYK** / à droite : rétrograde **YPΩΔKH** } Orode roi.	
		Les lettres initiales **B** et **Y** sont au bas de la légende. P. 3gr,50 à 4 grammes.	12
29	7	Même droit et même revers, sauf la légende (η) :	
		(η) à gauche : rétrograde **BAKIAEYK** / à droite : rétrograde **YPΩKH** } Orode roi.	
		Les lettres initiales **B** et **Y** sont au bas de la légende. P. 3gr,50	2
»	8	Même droit et même revers, légende incomplète. P. 3 grammes à 3gr, 50	7

2. Avec légende araméenne.

Désignation sur les planches.			Trouvaille de 1900.
17	9	Même droit, sauf qu'il existe dans le champ une étoile à quatre branches, placée entre le derrière de la tête et l'ancre. A gauche devant le profil la légende	
		URUD MaLKA — Orode roi.	
		Ry. Semis de points allongés, très nombreux et réguliers. Grand module. P. 14gr,40	
		Cette pièce est unique dans la trouvaille et je n'en connais pas d'autres exemplaires.	1

3. Anépigraphes.

Désignation sur les planches.			Trouvaille de 1900.
140	10	Même droit que les nos 1 et suivants.	
		Ry. Buste de la fortune à gauche avec corne d'abondance, très barbare. P. 2gr,40	»
141	11	Même droit ; au revers, la fortune est tournée à droite, barbare. P. 2gr,10	»
31-33	12	Même droit.	
		Ry. Ancre dans une couronne de lauriers. P. 3gr,50 à 4gr,10	3
34-36	13	Même droit.	
		Ry. Dégénérescence du précédent, ancre et feuilles irrégulières. P. 2gr,50 à 4 grammes.	47
		A reporter.	153

<table>
<tr><td rowspan="2">Désignation
sur
les planches.
—</td><td></td><td></td><td rowspan="2">Trouvaille
de 1900.
—</td></tr>
<tr><td colspan="2"></td></tr>
<tr><td></td><td colspan="2" align="right">Report. . . . .</td><td>153</td></tr>
<tr><td>37</td><td>14</td><td>Même pièce, sauf qu'il y a une étoile dans le champ du droit, comme au n° 9.   P. 3^{gr},40</td><td>1</td></tr>
<tr><td>»</td><td>15</td><td>Même pièce, sauf qu'il y a un point au lieu d'une étoile.   P. 3^{gr},60</td><td>2</td></tr>
<tr><td>38-40</td><td>16</td><td>Même droit que le n° 1.
R/. Dégénérescence du n° 13, points allongés ou feuilles.   P. 2^{gr},80 à 4 grammes.</td><td>31</td></tr>
</table>

Type Ad. — *B. de face avec tiare sans croissants.*

<table>
<tr><td>142</td><td>17</td><td>Buste barbu de face avec tiare diadémée, ornée d'un cordon perlé vertical; à droite dans le champ, ancre et croissant ponctué.
R/. Aigle à gauche tenant dans son bec un diadème.   P. 3^{gr},40</td><td>»</td></tr>
<tr><td>143</td><td>18</td><td>Même pièce, sauf que l'aigle du revers est tourné à droite.   P. 3^{gr},20</td><td>»</td></tr>
<tr><td>144</td><td>19</td><td>Même droit.
R/. Double diadème accosté de deux croissants ponctués.   P. 3^{gr},20</td><td>»</td></tr>
<tr><td></td><td colspan="2" align="right">Total des monnaies d'Orode Ier comprises dans la trouvaille. . . .</td><td>187</td></tr>
</table>

Orode II.

I. Type Ae. — *B. de face avec tiare sans croissants, à aigrettes.*

1. Avec légende araméenne.

<table>
<tr><td>146</td><td>1</td><td>Buste barbu de face avec tiare diadémée, ornée d'un cordon perlé vertical et entouré d'aigrettes, dans le champ à droite ancre (=) et croissant surmonté d'un astre; à gauche, légende URUD MaLKA — Orode roi, légende de la 2e catégorie, mixte.
R/. Points allongés. — Grand module.   P. 15 grammes.
Exemplaire du cabinet de France.
Nous reproduisons ci-dessous les légendes des divers exemplaires de cette pièce qui nous sont connus :</td><td>»</td></tr>
</table>

Musée du Louvre.

Cab. de France, pl. XIV, 146.

Fig. 332, n° 10.

Col. A. F.

<table>
<tr><td>41</td><td>2</td><td>Même droit, sans légende, avec ancre à une seule traverse et croissant ponctué.
R/. Buste d'Artémis de face (2e variété), avec cornes sur le front, touffes latérales de cheveux entourées de rayons (?), autour du buste légende URUD MaLKA BaRI URUD — Orode roi fils d'Orode, légende de 1re catégorie, Chaldéo-Pehlvie.   P. 3^{gr},50
Nous reproduisons à la page 138 les diverses légendes des pièces de petit module d'Orode II, tant de celles de la trouvaille que de celles de notre collection.</td><td>1</td></tr>
<tr><td>42-43</td><td>3</td><td>Même pièce, mais avec ancre (=).   P. 3^{gr},30</td><td>2</td></tr>
<tr><td></td><td colspan="2" align="right">A reporter. . . . .</td><td></td></tr>
</table>

			Trouvaille de 1900.

Report. . . . . . | 3

2. *Anépigraphes.*

45-47	4	Même droit que le n° 2.		
		R⁄. Points allongés.	P. 3^{gr},20 à 4^{gr},30	8
44	5	Même droit que le n° 3, avec ancre (=).		
		R⁄. Points allongés.	P. 3^{gr},30 à 4^{gr},20	5

II. Type Ad. — B. de face avec tiare sans croissants.

1. Avec légende araméenne.

48-55, 57-60	6	Même droit que le n° 2, mais avec tiare sans aigrettes.		
		R⁄. Même revers que le n° 2 avec la légende correcte chaldéo-pehlvie URUD MaLKA BaRI URUD.	P. 3^{gr},50 à 4 grammes.	20
58-59	7	Même pièce que le n° 6, mais avec la légende fautive RUD MaLKA BaRI URUD.	P. 3^{gr},60 à 4^{gr},80	3
»	8	Même pièce que le n° 6, mais avec la légende fautive UD MaLKA BaRI URUD.	P. 3^{gr},70	»
Fig. 330, n° 5	9	Même pièce que le n° 6, mais avec la légende VURUD MaLKA BaRI URUD, qui pourrait aussi se lire URUD MaLKA BaRI URUDI. Cette légende qui n'existe, à ma connaissance, que sur un exemplaire unique appartenant à M. de Morgan, semble devoir être considérée, ainsi que les deux précédentes, comme une variante fautive de la légende habituelle.	P. 4 grammes.	
61-62	10	Même pièce que le n° 6, mais avec ancre (=).	P. 3^{gr},50 à 4 grammes.	5
147, 148, 149 et fig. 333, n°ˢ 11, 12	11	Même droit que le n° 6. R⁄. Buste d'Artémis de face (3ᵉ variété). Le buste est d'un module plus grand que celui de la 2ᵉ variété; la tête paraît ceinte d'un diadème, relevé en son milieu; de chaque côté du front, deux cornes; sur le sommet de la tête un objet qui peut être un calathos ou un cimier; les touffes latérales de cheveux sont encore moins distinctes que précédemment et l'on pourrait les prendre pour un ornement dépendant de la coiffure et se terminant par trois pointes garnies de boules. Autour du buste une légende barbare, souvent illisible, sur les exemplaires des figures 11 et 12 on peut néanmoins lire à peu près : URUD MaLKA BaRI (ou BaR) URUD.	3^{gr},30 à 3^{gr},50	2
»	12	Même pièce que le n° 11, mais avec ancre (=).	P. 3^{gr},60	

2. *Anépigraphes.*

63-69	13	Même droit que le n° 6.	P. 3^{gr},30 à 3^{gr},50	
		R⁄. Points allongés.	P. 3^{gr},30 à 3^{gr},50	71
»	14	Même pièce que le n° 13 mais avec ancre (=).	P. 3^{gr},30	5

III. Type Bb. — B. diadémé de face avec touffes latérales de cheveux.

1. Avec légende araméenne.

| 70 | 15 | Buste barbu de trois quarts; grosses touffes latérales de cheveux, diadème autour du front; à | | |

A reporter. . . . . . | 122

| | | Report. | 122 |

droite ancre (=), au-dessus croissant avec astre ; autour du buste, légende de la 2ᵉ catégorie, mixte, KaBNa(H?)KIR URUD MaLK......LKA, *Kamnaskir Orode roi, fils d'Orode roi.*
Ɍ. Traits irréguliers. — Grand module.   P. 14ᵍʳ,90   1

71 | 16 | Buste analogue de face ; sur le sommet de la tête petite houppe de cheveux entourée par les extrémités du diadème ; légende de la 2ᵉ catégorie, mixte KaBNaHKIR URUD MaLKA ....A, *Kamnaskir Orode roi, fils d'Orode roi.*
Ɍ. Traits irréguliers peu distincts. — Grand module.   P. 15 grammes.   1

72 | 17 | Même buste, la barbe un peu plus longue, disposée en éventail, légende KaBNaH(Z?)KIR URUD MaLKA BaR URUD MaLKa, *Kamnaskir Orode roi, fils d'Orode roi.*
Ɍ. Traits irréguliers. — Grand module.   P. 15 grammes.   1

g. 331, nᵒ 6 | 18 | Même buste, la figure plus pleine ; dans le champ, entre l'ancre et le buste un point ; légende KaBNaH(Z?)KIR......LKA, *Kamnaskir Orode roi, fils d'Orode roi.*
Ɍ. Traits irréguliers. — Grand module.   P. 15 grammes.

g. 331, nᵒ 7 | 19 | Même buste, avec le point dans le champ, légende KaBNaH(Z?)KIR URUD MaLKA BaR URUD MaLKA, *Kamnaskir Orode roi, fils d'Orode roi.*
Ɍ. Traits irréguliers. — Grand module.   P. 15 grammes.

ig. 331, nᵒ 8 | 20 | Même buste, figure moins pleine, semblable au nᵒ 16, point dans le champ ; légende KaBNaHKIR URUD MaLKA.....A, *Kamnaskir Orode roi, fils d'Orode roi.*
Ɍ. Traits irréguliers. — Grand module.   P. 15 grammes.

ig. 331, nᵒ 9 | 21 | Même buste que le nᵒ 15, mais de face ; figure très allongée ; les boucles du nœud terminal du diadème apparaissent très développées des deux côtés du front ; entre l'ancre et le buste se trouve un symbole peu distinct que nous avons dénommé α et qui se voit également sur quelques exemplaires de petit module, où il prend quelquefois l'apparence d'un monogramme ; légende KaBNaHZKIR URUD MaLKA BaR URUD MaLKA, *Kamnaskir Orode roi, fils d'Orode roi.*
Ɍ. Traits irréguliers. — Grand module.   P. 15ᵍʳ,20

Nous reproduisons ci-dessous les légendes des sept pièces de grand module nᵒˢ 15 à 21.

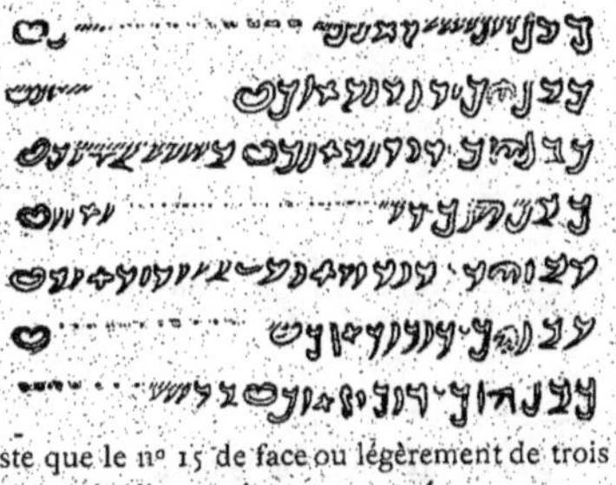

15 — Pl. XII, 70

16 — Pl. XII, 71

17 — Pl. XII, 72

18 — Fig. 331, nᵒ 6

19 — Fig. 331, nᵒ 7

20 — Fig. 331, nᵒ 8

21 — Fig. 331, nᵒ 9

74-78, 145 | 22 | Même buste que le nᵒ 15 de face ou légèrement de trois quarts ; dans le champ à droite, ancre (=), surmontée d'un croissant ponctué.

Désignation sur les planches.			Trouvaille de 1900.
		Report.	12?
		R₵. Buste d'Artémis de face (1re variété); sur le front une boule entre deux cornes(?); de chaque côté de la tête une touffe de cheveux plus ou moins grosse, entourée d'un quart de cercle garni de rayons extérieurs, généralement au nombre de 4; le buste est drapé; sur les exemplaires bien conservés on voit un trait oblique qui pourrait bien représenter le carquois d'Artémis. Légende KUMaŠKIR URUD MaLKA, *Kamnaskir Orode roi.* P. 3^{gr},40 à 3^{gr},70	
79, 80	23	Buste analogue à ceux des n°s 16 à 20, avec petite houppe de cheveux; dans le champ, ancre (=) et croissant ponctué. R₵. Même revers, même légende. P. 3^{gr},60 à 3^{gr},90	2
81, 82	24	Même pièce que le n° 23, mais la légende semble écourtée et réduite à MaŠKIR URUD MaLKA. R₵. Même revers, mais la tête d'Artémis n'est pas surmontée d'une boule. P. 3^{gr},50 à 3^{gr},90	2
73	25	Même buste que les n°s 15 et 22; dans le champ à droite, ancre (=) surmontée d'un croissant ponctué. R₵. Buste d'Artémis de face (1re variété) comme au n° 22; légende URUD MaL(K)A BaRI URUD MaLKA, *Orode roi, fils d'Orode roi*; pièce unique au point de vue de la légende. P. 3^{gr},50	1
83, 85-87	26	Même buste que le n° 23; dans le champ, ancre avec croissant ponctué. R₵. Buste d'Artémis de face (2e variété) sans la boule sur le front et sans le carquois; les touffes latérales de cheveux ne sont pas entourées d'un nimbe, mais seulement de rayons. Légende URUD MaLKA BaRI URUD, *Orode roi, fils d'Orode.* P. 3^{gr},30 à 4^{gr},30	11
84	27	Même pièce, légende fautive URUD MaLKA RI URUD. P. 3^{gr},20	1
88, 89	28	Même pièce, mais avec l'ancre. P. 3^{gr},40 à 3^{gr},60	3

2. Anépigraphes.

Dans ce type, nous avons cherché à distinguer, autant que possible, les variétés d'après la forme ronde ou ovale du visage, la disposition de la barbe, en éventail, droite, ou en pointe, les détails de la coiffure et du diadème, la présence, dans le champ, du symbole α ou du point qui en tient la place, le nombre des traverses de l'ancre, les particularités remarquables du revers.

Désignation sur les planches.			Trouvaille de 1900.
»	29	Visage rond, barbe en éventail, petite houppe de cheveux, ancre et croissant ponctué. R₵. Points allongés. P. 3^{gr},50 à 4 grammes.	9
103	30	Même droit. R₵. Traits cunéiformes irréguliers. P. 3^{gr},60	1
112	31	Même droit; dans le champ, un point entre l'ancre et le buste. R₵. Points allongés. P. 3^{gr},50 à 4 grammes.	10
»	32	Même droit que le n° 28, avec ancre (=) et croissant ponctué. R₵. Points allongés. P. 3^{gr},50 à 4 grammes.	4
113	33	Même droit que le n° 31. R₵. Quatre traits horizontaux et un trait vertical. P. 3^{gr},60	1
114, 115	34	Même droit que le n° 31; un point entre l'ancre et le buste. R₵. Points allongés. P. 3^{gr},30 à 4^{gr},20	20
		A reporter.	196

Désignation sur les planches.				Trouvaille de 1900.
		Report.		196
116	35	Visage rond, barbe droite, cheveux hérissés, ancre (=) et croissant ponctué. R⊻. Points allongés.	P. 3gr,60	1
90, 98	36	Visage ovale, barbe légèrement en pointe, petite houppe de cheveux, ancre et croissant ponctué; dans le champ, entre l'ancre et le buste, le symbole α assez indistinct. R⊻. Points allongés.	P. 3gr,50 à 4 grammes.	8
94-96	37	Même droit que le n° 35, mais avec ancre (=) et sans le symbole α. R⊻. Points allongés.	P. 3gr,50 à 3gr,80	7
93	38	Même droit que le n° 36, avec un poinçon. R⊻. Points allongés.	P. 3gr,30	1
	39	Même droit que le n° 36, avec le symbole α. R⊻. Points allongés.	P. 3gr,90	1
7, 99, 100, 101, 102, 104	40	Même droit, mais avec un point à la place du symbole α. R⊻. Points allongés ou traits irréguliers.	P. 3gr,60	17
111	41	Visage ovale très allongé, barbe légèrement en pointe, les nœuds du diadème très apparents, ancre et croissant ponctué. R⊻. Points allongés ou traits irréguliers.	P. 3gr,60	9
91	42	Même droit, avec le symbole α peu distinct, même revers.	P. 3gr,60	1
92	43	Même droit, le symbole α semble être un monogramme pehlvi ou araméen. R⊻. Traits irréguliers.	P. 3gr,60	1
»	44	Même droit; forme analogue du symbole α. R⊻. Traits irréguliers.	P. 3gr,60	1
107-110	45	Même droit que le n° 40, ancre (=) et croissant ponctué. R⊻. Points allongés ou traits irréguliers.	P. 3gr,60	9
105, 106	46	Même droit que le n° 45, mais les touffes latérales de cheveux sont plus grosses.	P. 3gr,50	3
		TOTAL DES MONNAIES D'ORODE II COMPRISES DANS LA TROUVAILLE. . . .		255

Le tableau ci-après, page 238, reproduit les légendes araméennes les mieux conservées des monnaies de petit module d'Orode II : la première colonne (colonne de gauche) donne les légendes des monnaies de la trouvaille, la deuxième celles des monnaies de notre collection; à droite de chacune de ces colonnes, on a indiqué, par de gros chiffres, les numéros qui s'appliquent dans la description à chacune des variétés distinctes; dans chaque variété, les légendes reproduites sont numérotées avec des chiffres plus petits, celles des monnaies de notre collection prennent la suite des numéros correspondants aux monnaies de la trouvaille.

Ainsi, pour la variété n° 6 (Orode II, type Ad, légende URUD MaLKA BaRI URUD) on a reproduit 37 légendes; celles de la trouvaille sont désignées par 6.₁, 6.₂, 6.₃... jusqu'à 6.₁₆, celles de notre collection par 6.₁₇, 6.₁₈... jusqu'à 6.₃₇.

Les numéros portés à gauche de la première colonne sont ceux qui figurent sur les planches.

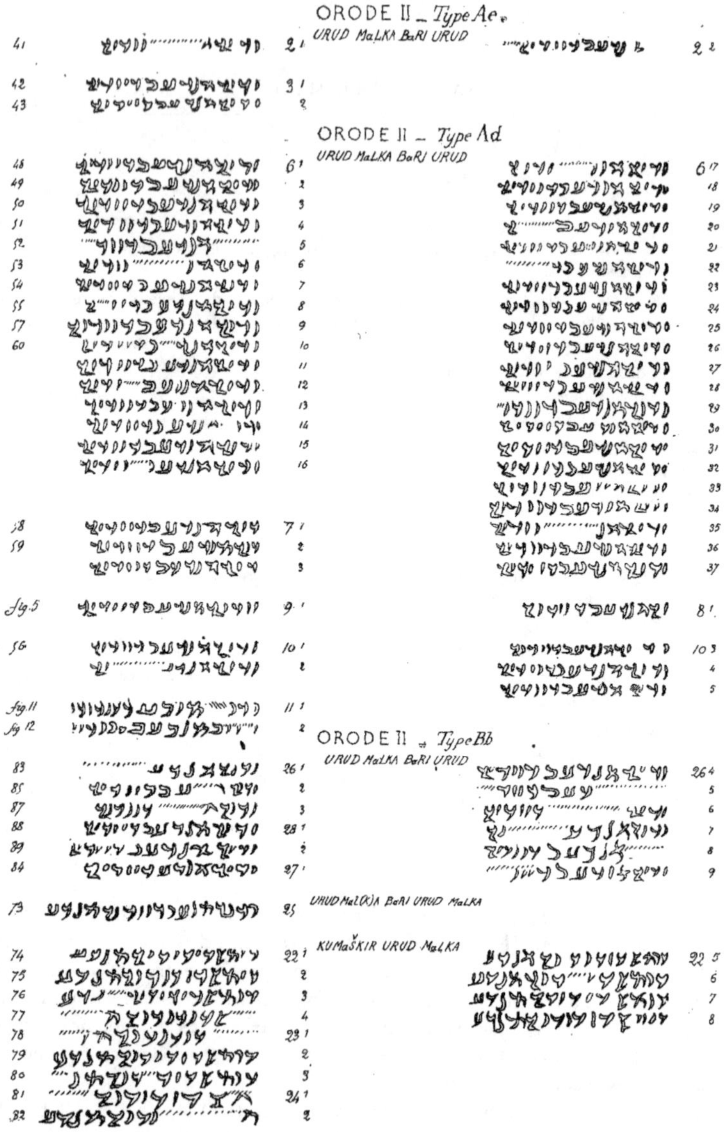

ORODE II _ *Type Ae*

URUD MaLKA BaRI URUD

ORODE II _ *Type Ad*

URUD MaLKA BaRI URUD

ORODE II _ *Type Bb*

URUD MaLKA BaRI URUD

URUD MaL(K)A BaRI URUD MaLKA

KUMaŠKIR URUD MaLKA

Fig. 335.

(1) M. Paul Soullard, notre confrère de la Société archéologique de Nantes, a bien voulu nous aider à copier en fac-similé les légendes ci-dessus.

<table>
<tr><td>Désignation
sur
les planches.</td><td></td><td></td><td>Trouvaille
de 1900.</td></tr>
</table>

PHRAATE.

I. TYPE Ab. — *B. à gauche avec tiare ornée d'un croissant ponctué.*

1. *Avec légende grecque.*

125-127	1	Buste barbu à gauche, avec tiare diadémée ornée d'un croissant ponctué ; à gauche du buste, la légende ΠPA ; à droite ancre et croissant ponctué.	
		Ṇ. Artémis tenant un arc de la main gauche et prenant de la droite une flèche dans son carquois ; travail assez barbare ; coiffure généralement peu distincte, sans rayons ; autour légende grecque :	
		à droite : rétrograde ϽΗΤΑΑϤΠ	
		à gauche : rétrograde ϽΥϽΛΙϽΑᗺ.	
		Les lettres initiales ᗺ et Π sont au bas de la légende. P. 3^{gr},30 à 3^{gr},80	44
128	2	Même droit, sans la légende ΠPA.	
		Ṇ. Quatre croissants adossés avec croissants au pourtour. P. 3^{gr},60	1
129, 130	3	Même droit que le n° 2.	
		Ṇ. Trois palmes ou épis parallèles. P. 3^{gr},10 à 3^{gr},50	5
131	4	Même droit.	
		Ṇ. Traits irréguliers rappelant les épis. P. 3^{gr},40 à 3^{gr},70	3
132-136	5	Même droit.	
		Ṇ. Points allongés. P. 3^{gr},30 à 3^{gr},80	44
»	6	Même droit, d'un style différent, avec ancre (=).	
		Ṇ. Points allongés. P. 3^{gr},80	1

II. TYPE Ac. — *B. de face avec tiare ornée de deux croissants ponctués.*

1. *Avec légende grecque.*

»	7	Buste barbu de face avec tiare diadémée, ornée de deux croissants ponctués ; dans le champ à droite, ancre et croissant ponctué ; à gauche du buste la légende ΠPA.	
		Ṇ. Artémis debout avec arc et carquois, la tête radiée, d'assez bon style.	
		à gauche : ΦPAATHC.	
		à droite : BACIΛEVC.	
		Les lettres initiales Φ et B sont en haut de la légende. P. 3^{gr},30 à 3^{gr},50	2
119, 120	8	Même droit mais avec ancre (=).	
		Ṇ. Même revers, même disposition de légende. P. 3^{gr},70 à 4^{gr},30	2
117	9	Même droit que le n° 7.	
		Ṇ. Même revers.	
		à gauche : BACIΛEVC.	
		à droite : ΦPAATHC.	
		Les lettres initiales B et Φ sont en haut de la légende. P. 3^{gr},80	5

A reporter 107

Désignation sur les planches.				Trouvaille de 1900.
		Report.		107
118	10	Même droit que le n° 9, mais avec ancre (=).		
		R⁄. Même revers, même disposition de légende.	P. 3ᵍʳ,40 à 3ᵍʳ,90	5
123	11	Même droit que le n° 7.		
		R⁄. Même revers, plus barbare, la tête ne semble pas radiée.		
		à gauche : *rétrograde* ƆYƎΛIƆAB.		
		à droite : *rétrograde* ƆHTAAꟼΠ.		
		Les lettres initiales B et Y sont en bas de la légende.	P. 3ᵍʳ,10 à 3ᵍʳ,50	4
121, 122, 124	12	Même droit que le n° 11, mais avec ancre (=).		
		R⁄. Même revers, même disposition de légende.	P. 3ᵍʳ,40 à 4ᵍʳ,10	5

2. *Anépigraphes.*

150	13	Même droit que le n° 7.		
		R⁄. Aigle à gauche, ailes éployées, croissants au pourtour.	P. 3ᵍʳ,70	»
151	14	Même droit.		
		R⁄. Aigle à gauche, ailes éployées.	P. 3ᵍʳ,50	»
152	15	Même droit.		
		R⁄. Double diadème accosté de deux croissants ponctués.	P. 2ᵍʳ,90	»

III. Type Ad. — *B. de face avec tiare sans croissants.*

»	16	Même droit que le n° 7, mais les croissants de la tiare ne sont pas visibles.		
		R⁄. Croissants adossés avec croissant au pourtour.	P. 2ᵍʳ,50	»
»	17	Même droit.		
		R⁄. Trois lignes de croissants superposés.	P. 2ᵍʳ,70	»

TOTAL DES MONNAIES DE PHRAATE COMPRISES DANS LA TROUVAILLE. . . . 121

PHRAATAKE (?).

TYPE Bc. — *B. diadémé à gauche, barbe en pointe, touffes de cheveux sur la tête et sur la nuque.*

138	1	Buste à gauche, avec barbe en pointe; grosses touffes de cheveux sur la nuque et sur le sommet de la tête; double diadème.		
		R⁄. Artémis debout à droite avec arc et carquois, la tête ornée d'une couronne radiée, légende grecque incertaine.		
		Les symboles habituels de l'ancre et du croissant ponctués ne se trouvent ni au droit ni au revers.	P. 3ᵍʳ,60	1

BRACTEATE INDÉTERMINÉE.

137		Caractères indistincts dans une couronne (?)	P. 0ᵍʳ,7	1

Désignation
sur
les planches.
—

DÉNOMBREMENT DES PIÈCES COMPOSANT LA TROUVAILLE DE 1900.

Kamnaskirès.	18
Orode I.	187
Orode II.	255
Phraate.	121
Phraatake (?).	1
Bracteate.	1
TOTAL.	**583**

II. MONNAIES POSTÉRIEURES A CELLES DE LA TROUVAILLE DE 1900.

X.

TYPE Bd. — *B. de face les cheveux tombant sur les épaules.*

153   1   Buste barbu de face, les cheveux tombant sur les épaules; très indistinct; à gauche du buste traces de légende araméenne, la seule lettre qui soit d'une lecture à peu près certaine est un S qui, d'après la position qu'il occupe, a pu être précédé par d'autres lettres non visibles.

℞. Ancre accostée de deux croissants ponctués, le tout au centre d'une couronne ou diadème.

P. 3 grammes.

   2   Même droit, le buste plus distinct; la première lettre de la légende semble être un K, on aperçoit à droite du buste une fin de légende qui peut se lire IURU.

℞. Indistinct. — Pièce trouvée à Suse par M. Dieulafoy, déposée actuellement au Musée du Louvre.

En combinant les indications des légendes des deux pièces, on peut supposer que la légende pouvait être KUMASKIR URUD BaRI URUD, applicable à Orode III.

ORODE III.

I. TYPE Be. — *B. de face de trois quarts, grosses moustaches et barbiche.*

154-156   1   Buste de trois quarts, grosses moustaches et barbiche, les cheveux relevés en touffe sur la tête, avec double diadème, touffes latérales plus ou moins grosses.

℞. Ancre accostée de deux croissants ponctués, le tout dans une couronne ou diadème.

P. 3 grammes à 3ᵍʳ,30

157-160.   2   Même droit.

℞. Buste à gauche d'Artémis (2ᵉ type, 1ʳᵉ variété), le cou entouré d'un collier de grosses perles, les cheveux tombant sur le front, la tête ornée d'une parure spéciale surmontée d'une sorte de cimier avec rayons à pointes bouletées; derrière le buste, une ancre.

P. 3 grammes.

161   3   Même droit, mais, dans le champ à gauche, un croissant surmonté d'une ancre.

℞. Même revers de bon style, à droite une ancre.

P. 2ᵍʳ,80

9

II. Type Bf. — *B. diadémé à gauche, barbe courte, touffes de cheveux sur la tête et sur la nuque.*

162, 163, 164	4	Buste à gauche, avec barbe plus ou moins longue; très grosses touffes de cheveux sur la tête et su la nuque; double diadème; à gauche, devant le buste, en écriture mixte (chaldéo-pehlvi et pehlv sassanide). URUD MaLKA, *Orode roi.* R⅃. Buste de femme avec un collier, un diadème et une longue queue de cheveux; à gauche, devar le buste, en écriture mixte ULFAN. P. 2ᵍʳ,50 à 3 gramme
165	5	Même pièce, mais la légende du revers ne laisse voir que (F?)LK ; voir le fac-simile au § 2, pr mière partie, *Étude des légendes.* P. 2ᵍʳ,
166	6	Même pièce, mais la légende du revers présente une interversion et ne laisse voir que FLAN. Vo le fac-simile au § 2, première partie, *Étude des légendes.* P. 2ᵍʳ,(
167	7	Même droit, mais sans légende; dans le champ, à gauche du buste, une ancre. R⅃. Même revers avec légende ULFAN. P. 2ᵍʳ,
168	8	Même droit que le n° 7. R⅃. Même revers d'un style un peu différent; légende incomplète. P. 3 gramme

Orode IV.

Type Bg. — *B. diadémé à gauche, barbe divisée en deux pointes, touffe de cheveux sur la tête.*

1. *Avec légende araméenne.*

| 169, 170 | 1 | Buste à gauche, avec barbiche divisée en deux pointes; touffe de cheveux sur la tête; double di diadème; à gauche, devant le buste, en écriture mixte URUD MaLKA; à droite, dans le cham une ancre.
R⅃. Buste à gauche d'Artémis (2ᵉ *type*, 2ᵉ *variété*), la tête ornée d'une parure spéciale comporta deux boules, l'une sur le front, l'autre sur la nuque et surmontée d'une sorte de cimier av rayons à pointes bouletées; derrière le buste une ancre.   P. 3 grammes à 3ᵍʳ, |
| 171 | 2 | Même droit, mais sans l'ancre.
R⅃. Même revers. |

2. *Anépigraphes.*

| 172-175 | 3 | Même droit, sans légende ni ancre.
R⅃. Même revers sans ancre; à droite du buste un croissant.   P. 2ᵍʳ,30 à 2ᵍʳ, |

Y.

Type Bh. — *B. diadémé à gauche, pas de touffes de cheveux.*

| 176-178 | 1 | Buste à gauche, longue barbiche, pas de touffes de cheveux; d'après un exemplaire communiq par M. A. de Petrowicz, il existe, à droite du buste, une ancre, qui se trouve en dehors du cham sur les exemplaires de notre collection.
R⅃. Artémis à droite avec arc et carquois; très barbare; à gauche, dans le champ, un croissant.   P. 1ᵍʳ,70 à 2ᵍʳ, |

Z.

TYPE Bi. — *B. diadémé à gauche, barbe en pointe, touffes de cheveux ou chignon sur la nuque.*

179-182 | 1 Buste à gauche, longue barbiche; petite touffe de cheveux arrondie ou chignon sur la nuque; dans le champ, à droite, une ancre, au-dessus un croissant et un astre qui en est nettement séparé (voir particulièrement la photographie n° 181).

Ŗ. Artémis à droite, avec arc et carquois; plus barbare encore que la précédente et particuliè- rement remarquable par la coiffure avec deux boules, absolument identique à celle décrite pour le buste de revers des monnaies d'Orode IV.   P. 2ᵍʳ,30 à 2ᵍʳ,50

VOLOGÈSE (?) (VOLOGÈSE II OU III ROI DES PARTHES).

TYPE Bj. — *B. diadémé à gauche, barbe en pointe, touffes de cheveux sur la tête et sur la nuque.*

183-185 | 1 Buste à gauche, barbe en pointe; touffes de cheveux sur la tête et sur la nuque; double diadème; dans le champ, à droite, ancre et croissant ponctué.

Ŗ. Pallas à gauche s'appuyant de la main droite sur une longue haste et tenant de la gauche son bouclier posé debout sur le sol.   P. 3 grammes à 3ᵍʳ,40

186 | 2 Même droit.

Ŗ. Même revers, sauf que Pallas regarde à droite; ce type de Pallas est identique à celui qui figure sur une monnaie de bronze attribuée par le nouveau catalogue arsacide du British Museum à Vologèse Iᵉʳ (*Vologèse II de Gardner et de Longpérier*). (Catalogue pl. XXIX, 8.)   P. 2ᵍʳ,40

CHOSROÈS (CHOSROÈS Iᵉʳ ROI DES PARTHES).

TYPE Bk. — *B. diadémé à gauche, barbe en pointe, touffes de cheveux sur la tête et sur la nuque.*

fig. | 1 Buste à gauche avec barbe en pointe; grosses touffes de cheveux sur la nuque et sur le somme- de la tête; double diadème. La description est la même que celle de la pièce attribuée à Phraat take; l'effigie est un peu différente, le profil est plus plat, le nez plus pointu et plus long, le relief moins fort.

Ŗ. Artémis à droite avec arc et carquois, la tête peu distincte; au-dessus, traces d'une frappe anté- rieure; la légende a été lue **XOCPUI BAIΛEV(C)**. (Cat. Petrowicz, pl. XXI, 12); plusieurs lettres restent inexpliquées.

Collection de Petrowicz. — Osroès n° 1.   P. 3ᵍʳ,57

2 Même droit.

Ŗ. Même revers, sans double frappe. L'inscription incomplète a été lue **BACIΛEOC.**

Collection de Petrowicz. — Osroès n° 2.   P. 3ᵍʳ,72

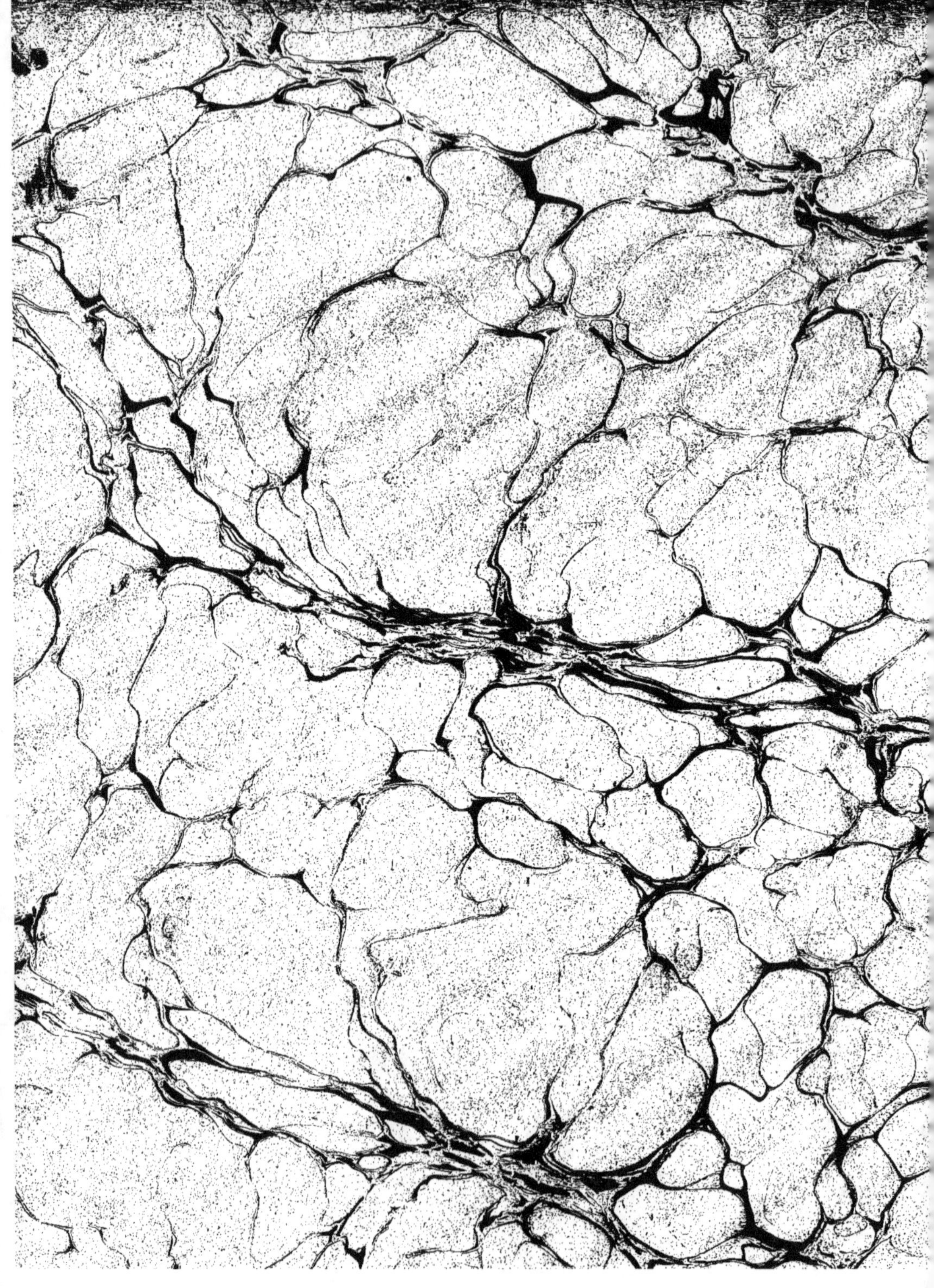

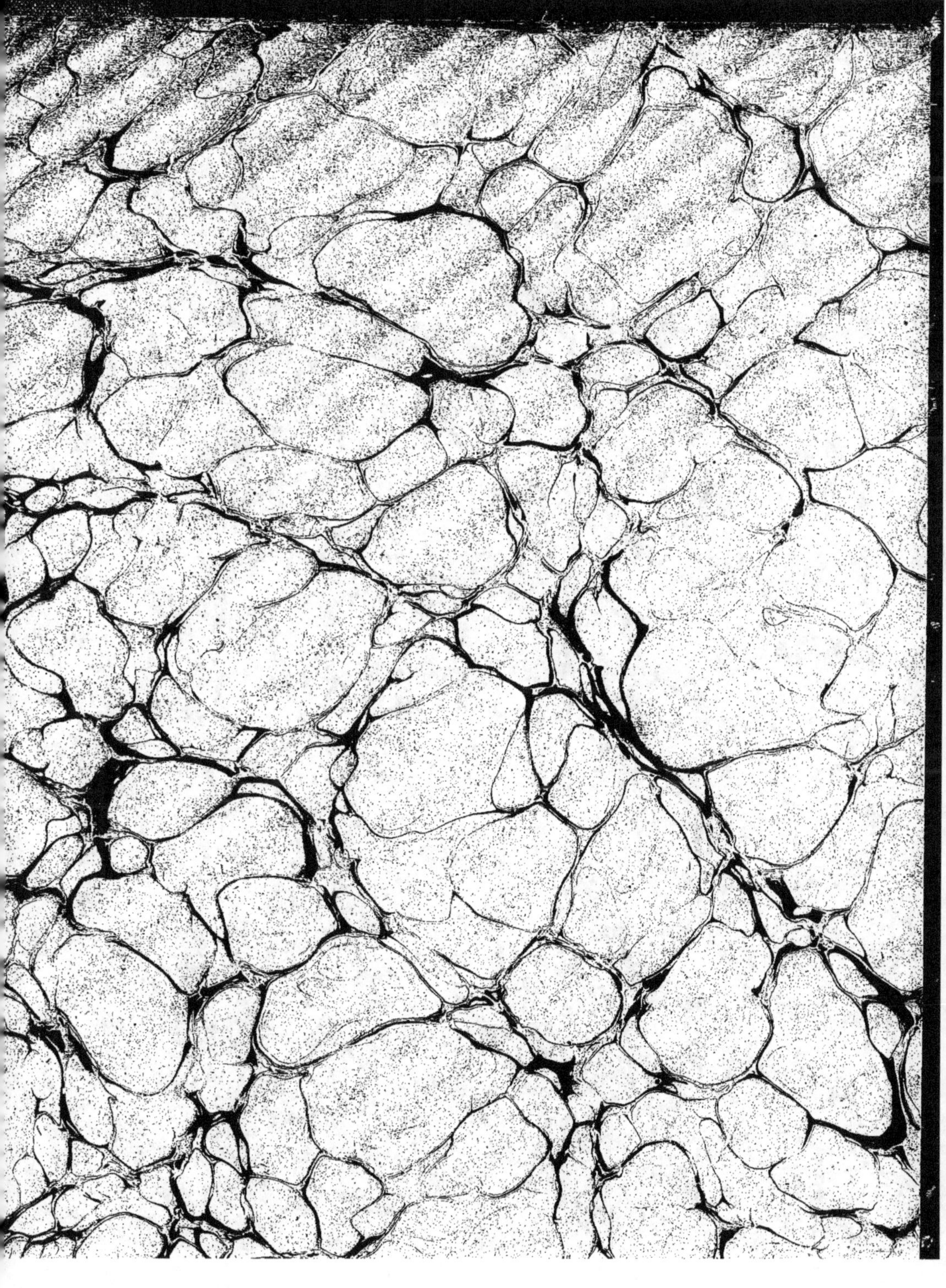

BIBLIOTHEQUE NATIONALE DE FRANCE